老子・生命的大智慧

余培林・編撰

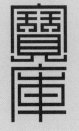

中國歷代經典寶庫

28

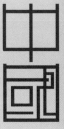

出版的話

時報文化出版的《中國歷代經典寶庫》已經陪大家走過三十多個年頭。無論是早期的紅底燙金精裝「典藏版」，還是50開大的「袖珍版」口袋書，或是25開的平裝「普及版」，都深得各層級讀者的喜愛，多年來不斷再版、複印、流傳。寶庫裡的典籍，也在時代的巨變洪流之中，擎著明燈，屹立不搖，引領莘莘學子走進經典殿堂。

這套經典寶庫能夠誕生，必須感謝許多幕後英雄。尤其是推手之一的高信疆先生，他秉持為中華文化傳承，為古代經典賦予新時代精神的使命，邀請五、六十位專家學者共同完成這套鉅作。二〇〇九年，高先生不幸辭世，今日重讀他的論述，仍讓人深深感受到他對中華文化的熱愛，以及他殷殷切切，不殫編務繁瑣而規劃的宏偉藍圖。他特別強調：

中國文化的基調，是傾向於人間的；是關心人生，參與人生，反映人生的。我們的聖賢才智，歷代著述，大多圍繞著一個主題：治亂興廢與世道人心。無論是春秋戰國的諸子哲學，漢魏各家的傳經事業，韓柳歐蘇的道德文章，程朱陸王的心性義理；無論是貴族屈原的憂患獨歎，樵夫惠能的頓悟眾生；無論是先民傳唱的詩歌、戲曲，村里講談的平話、小說……等等種種，隨時都洋溢著那樣強烈的平民性格、鄉土芬芳，以及它那無所不備的人倫大愛；一種對平凡事物的尊敬，對社會家國的情懷，對蒼生萬有的期待，激盪交融，相互輝耀，繽紛燦爛的造成了中國。平易近人、博大久遠的中國。

可是，生為這一個文化傳承者的現代中國人，對於這樣一個親民愛人、胸懷天下的文明，這樣一個塑造了我們、呵護了我們幾千年的文化母體，可有多少認識？多少理解？又有多少接觸的機會，把握的可能呢？

參與這套書的編撰者多達五、六十位專家學者，大家當年都是滿懷理想與抱負的有志之士，他們努力將經典活潑化、趣味化、生活化、平民化，為的就是讓更多的青年能夠了解繽紛燦爛的中國文化。過去三十多年的歲月裡，大多數的參與者都還在文化界或學術領域發光發熱，許多學者更是當今獨當一面的俊彥。

三十年後，《中國歷代經典寶庫》也進入數位化的時代。我們重新掃描原著，針對時代需求與讀者喜好進行大幅度修訂與編排。在張水金先生的協助之下，我們就原來的六十多冊書種，精挑出最具代表性的四十種，並增編《大學中庸》和《易經》，使寶庫的體系更加完整。這四十二種經典涵蓋經史子集，並以文學與經史兩大類別和朝代為經緯編綴而成，進一步貫穿我國歷史文化發展的脈絡。在出版順序上，首先推出文學類的典籍，依序有詩詞、奇幻、小說、傳奇、戲曲等。這類文學作品相對簡單，有趣易讀，適合做為一般讀者（特別是青少年）的入門書；接著推出四書五經、諸子百家、史書、佛學等等，引導讀者進入經典殿堂。

在體例上也力求統整，尤其針對詩詞類做全新的整編。古詩詞裡有許多古代用語，需用現代語言翻譯，我們特別將原詩詞和語譯排列成上下欄，便於迅速掌握全詩的意旨；並在生難字詞旁邊加上國語注音，讓讀者在朗讀中體會古詩詞之美。目前全世界風行華語學習，為了讓經典寶庫躍上國際舞台，我們更在國語注音下面加入漢語拼音，希望有華語處，就有經典寶庫的蹤影。

《中國歷代經典寶庫》從一個構想開始，已然開花、結果。在傳承的同時，我們也順應時代潮流做了修訂與創新，讓現代與傳統永遠相互輝映。

時報出版編輯部

【導讀】

人生價值的體現

余培林

在日常生活中，有沒有人教大家不要表現堅強，而表現柔弱？有沒有人教大家不要表現聰明，而表現愚魯？我想沒有吧。可是，在中國歷史上卻有這麼一個人，他不僅教人表現柔弱、愚魯，更教人無為、無我、無欲、居下、退後、清虛、自然……這個人就是老子。老子為什麼有這樣的主張？他是不是傻子？告訴諸位，他一點也不傻。不僅不傻，他的智慧之高，簡直令人無法測知。正因為他有超人的智慧，所以他才有這種一般人難以理解的主張。打個比方說，老子好像是「千里眼」，一般人好像是「近視眼」，「千里眼」所看到的景物，「近視眼」怎麼能看得到呢？

就以柔弱來說，一般人都認為剛強好，柔弱壞，所以都教人剛強，不要表現柔弱。但老子認為剛強的容易折斷，柔弱的反而能夠保全。例如牙齒比舌頭剛強吧？但是人到老年的時候，牙齒全部脫落，舌頭卻完好無恙；大樹比小草剛強吧，可是颱風來的時候，大樹經常被連根拔起，小草卻很少被拔起來。這不是說明了剛強的未必是真強，柔弱的才是真正的強嗎？柔弱不僅比剛強要強，還能克服剛強，這就是俗語所謂的「柔能克剛」了。我們看，風無形無體，卻能夠拔屋倒樹；水可方可圓，卻能夠懷山襄陵。這不是很好的例證嗎？由此看來，老子教人表現柔弱，有什麼不對呢？

再以愚魯來說，一般人認為聰明好，愚魯壞，所以都教人表現聰明，不要表現愚魯，但老子認為一個真正的智者，應該表現愚魯，這就是俗語所謂的「大智若愚」了。例如孔子的弟子顏回、曾參，得道最高，但顏回平時表現得就像一個愚蠢的人，曾子就像一個鈍魯的人。

事實上，一個真正的智者，由於把智慧集中在某一方面，而在其他方面的表現，的確會像是一位愚者。如牛頓的開貓洞、愛迪生遭到退學，不都是很好的例證嗎？要知道人的智慧精力畢竟是有限的，如果要想有所成就，一定要把全部的智慧、精力集中在一點，而在其他方面做一個愚者才行。反之要想面面俱到、路路皆通，結果養成了皮毛之見、膚淺之知，面面不到、路路不通，表面上聰明，實際上愚不可及。由此看來，老子教人表現愚魯，又有什麼不對呢？

柔弱，就能謙下不爭；愚魯，就能棄華取實。謙下不爭，就能無私無我，一切依循自然；棄華取實，就能反省內觀，最後歸真返樸。儒家也講謙虛，也講反省，只是不如老子講的徹底罷了。

老子思想之所以難以為一般人所接受，是因為一般人只能看到事物的表面，而老子卻能看到裡面；一般人只能看事物的正面，而老子卻能看到反面。所以有了老子思想，中華文化不僅增加了廣度，也增加了深度。同時更使中華文化增加了韌性。我們知道，有些民族、國家的文化，剛猛有餘，柔韌不足，所以這些國家民族，只能前進，不能後退；只能處順境，不能處逆境，一遇到挫折打擊，往往會一蹶不振，崩潰瓦解。但中華文化由於有韌性，既能前進，也能後退；既能處順境，也能處逆境，雖遇到挫折打擊，也能承受不倒，並且還能迂曲轉進。就好像一株有韌性的草，你在它上面壓一塊大石頭，它還能從旁邊迂曲地伸出頭來，繼續生長。所以中華文化有了老子的思想，更顯得恢廓有容，可大可久。

讀者也許要問，在今天這個科學時代，老子的思想也有其價值嗎？我們的答案是肯定的。要知道任何一個思想有沒有價值，端看它能不能合用。老子的思想在今日不僅實用，而且非常重要。我們都知道，今天是一個科學時代，物質生活突飛猛進，但物質生活的發展，不僅不能使人感到滿足，而且精神會感到空虛，甚至痛苦。如果繼續用物質來治療，那就等於飲酖止渴，痛苦更深。擴大到國家，為了滿足物質欲望，往往為了爭奪原料、市場，而互相侵伐、吞噬，弄得全世界充滿殺機，如果不加以制止，人類總有一天會遭到毀滅性的大禍。

老子反對物欲，講求精神生活；反對人為，講求體法自然。我們一談到他的思想，就好像在荒漠中遇到了甘泉一樣，心靈上獲得了滋潤，精神上也有無窮的怡悅。我們相信，世上每一個人，都能重視精神生活，以精神來役使物質，才能消除國家與國家的爭奪殺伐，才能化解人類毀滅的危機。而老子思想就可以達到這個效果，這是老子思想在現代社會中的最大功用，也是它在現代社會中的價值所在。

老子◆生命的大智慧　目次

出版的話　03

【導讀】人生價值的體現　余培林　07

認識老子其人其書　001

一、老子其人　003

二、老子其書　005

三、老子思想形成的因素　010

四、老子思想流行的原因　015

五、本書簡介　016

正文解析 019

第一章 021／第二章 028／第三章 033／第四章 036／第五章 039
第六章 042／第七章 044／第八章 047／第九章 051／第十章 054
第十一章 057／第十二章 060／第十三章 063／第十四章 066
第十五章 069／第十六章 073／第十七章 077／第十八章 080
第十九章 083／第二十章 086／第二十一章 090／第二十二章 093
第二十三章 096／第二十四章 099／第二十五章 101／第二十六章 105
第二十七章 108／第二十八章 111／第二十九章 114／第三十章 117
第三十一章 120／第三十二章 123／第三十三章 126／第三十四章 129
第三十五章 132／第三十六章 135／第三十七章 138／第三十八章 141
第三十九章 145／第四十章 149／第四十一章 156／第四十二章 161
第四十三章 164／第四十四章 166／第四十五章 169／第四十六章 172
第四十七章 174／第四十八章 177／第四十九章 179／第五十章 182
第五十一章 185／第五十二章 188／第五十三章 191／第五十四章 193
第五十五章 196／第五十六章 199／第五十七章 202／第五十八章 205

第五十九章 209／第六十章 212／第六十一章 214／第六十二章 218
第六十三章 221／第六十四章 224／第六十五章 227／第六十六章 230
第六十七章 233／第六十八章 237／第六十九章 240／第七十章 243
第七十一章 246／第七十二章 248／第七十三章 251／第七十四章 254
第七十五章 256／第七十六章 258／第七十七章 260／第七十八章 262
第七十九章 265／第八十章 267／第八十一章 270

結語 273

一、老子思想的系統 275
二、老子思想的精神 305
三、老子思想的價值 307
四、老子思想的影響 311

附錄：重要參考書目 318

認識老子其人其書

認識老子其人其書

一、老子其人

任何一個人讀一本書，一定急切地想知道這本書的作者生平，並且知道得越多越好。有關老子的生平，《史記》有他的傳。傳文的意思雖然有一點含糊不清，但這是有關老子生平唯一的資料，所以十分珍貴。現在我們就根據《史記》的記載把老子的生平作一番介紹。

依據《史記》的記載，老子姓李，名耳，字聃（ㄉㄢ dān）。是春秋時期楚國苦縣厲鄉曲仁里人。和孔子同時而稍微早一點。他做周政府守藏室的史官，這個職務相當於現在的國家圖書館館長。孔子到周的政府所在地洛陽，曾經向他請教過禮。他告訴孔子說：「一個了不起的商人，深藏財貨，而外表看起來好像是空無所有；一個有修養的君子，內藏道德，而外表看起來好像是愚蠢遲鈍。你要去掉驕傲之氣和貪欲之心，這些對你都沒有益處。」

老子在周政府待了很久，看到了周室日漸衰微，於是就離開周。將要出關的時候，守關的關員看到了就對他說：「你平時不留文字，現在快要隱居了，勉強為我們寫一本書吧。」於是老子就寫了一本書，分為上、下篇，內容談得都是「道」和「德」，一共五千多字。寫好以後就走了。從此以後就沒有人知道他的下落。他大概活了一百六十多歲，也有人說活了兩百多歲，因為他修道並且善於養生的關係。

在孔子死後一百二十九年，周政府有一個太史名叫儋（ㄉㄢ dān）的出關見秦獻公，於是有人傳說太史儋就是老子，也有人說不是，世人也不曉得哪一種說法對。其實老子志在做一個隱居的君子，從這個方向去想，就曉得太史儋是不是老子了。

老子的兒子名叫宗，宗做過魏國的將軍，封在段干。宗的兒子叫做注，注的兒子叫做宮，宮的玄孫叫做假，假在漢文帝的時候做過官。假的兒子叫做解，做過膠西王劉卬（ㄤˊ áng）的太傅，於是從此就定居在齊國了。

二、老子其書

現在一般通行的《老子》書，都分上、下篇。上篇的第一句是「道可道，非常道。」下篇的第一句是「上德不德，是以有德。」因此後人就取上篇的「道」字和下篇的「德」字，合起來稱它為《道德經》。但是不久以前出土的《帛書老子》既不分上、下篇，而且「德經」在前，「道經」在後。有人說這是法家所用的本子，並舉《韓非子．解老》先解「德經」後解「道經」作為證明。我們細看〈解老〉中引《老子》的各章並不是很有次序的，他固然是先解「德經」後解「道經」，但解了「道經」以後又解「德經」，這又怎麼解釋呢？〈解老〉是如此，〈喻老〉也是一樣。所以拿《韓非子》〈解老〉和〈喻老〉兩篇引《老子》的次序作為證明，恐怕是不太妥當。

《史記．老莊申韓列傳》說：「老子迺著書上、下篇，言道德之意五千餘言。」這和現行的《道德經》符合。我們認為司馬遷的說法應該是可信的。因為太史公網羅天下放失舊聞，紬取金匱石室之書，《老子》書究竟是一篇還是兩篇，他應該很清楚。在〈老莊申韓列傳〉中，提到莊周、申不害、韓非的書，都沒有錯，為什麼獨獨老子就錯呢？所以他明標「上下篇」，那是不會有問題的。至於《帛書老子》的問題，那只是一個特例，那是因為抄寫的人只抄原文，抄完下篇，接著就抄上篇，而沒有標出「上篇」、「下篇」的字樣罷了。至於為什麼先抄下篇，後抄上篇，我們的看法是戰國以來有一派人特別重視下篇，而抄寫帛書的人，就是其中之一。這一派人很可能就是法家的人物，我們看《韓非子．解老》共解《老子》十章，上篇只有一章（第一章），其他九章都在下篇。〈喻老〉共解《老子》十四章，上篇只有四章，其他十章都在下篇。由這個事實，就可以得到證明了。在《老子》書中，「道」是本，「德」是用，「德」要比「道」淺顯的多。《老子》書上篇多言「道」，下篇多言「德」。而法家取用老子思想，重在實用，取用「德」已足夠應用，不必取用「道」。這就是為什麼《韓非子》中〈解老〉、〈喻老〉兩篇多解《老子》下篇的原因了。

現在再談分章的情形。《老子》書的分章有三種情形：一是分八十一章，一是分七十二章，另一是分六十八章。王弼本和河上公本都分為八十一章，這是最通行的一種。漢嚴遵《道德指歸論》分為七十二章，但嚴書相傳是偽作，不足為據。元吳澄分為六十八章，後來也有人採用，如清魏源就是，不過採用的人比較少罷了。最近馬王堆漢墓中所發現的兩種《帛書老子》都不分章，這一來更讓人糊塗了。我們認為不分章比較接近事實。因為第一，《史記·老莊申韓列傳》只說著書上、下篇，並沒有提到分多少章，可見原來並沒有分章。想想看太史公連「五千餘言」都說了，如果原來就分章的話，他會不順便的提一下嗎？第二，先秦典籍如《論語》、《墨子》、《孟子》、《莊子》、《荀子》……都只分篇，沒有一本書是分章的，《老子》當然也不例外。現在《大學》分十章，《中庸》分三十三章，都是宋儒朱熹分的，它們在《禮記》裡只是兩篇，並不分章。第三、《老子》分章，不管是分八十一章、七十二章，或六十八章，有些章分得非常勉強，有些則根本分錯了。以八十一章為例，如第二十章的第一句「絕學無憂」就應該在十九章的末尾。二十二章應該在二十四章的後面（《帛書老子》就是如此），並且應該合為一章。由此看來，《帛書老子》的不分章，應該是《老子》一書的本來面目。後人為了閱讀方便，在上、下篇之外，又分為若干章，一直流傳到今天。至於河上公本在每一章之前又立了一個標題，如〈道體第一〉、〈養身第二〉等，則又是在分章以後，後人所妄加的，離《老子》的原來面目就更遠了。

《老子》全書的字數，司馬遷說有「五千餘言」，和現行的《老子》吻合。《帛書老子》的字數似乎要多一點，但所多的大部分是句末語氣詞，對文意沒有什麼大影響，所以大致上還是合於司馬遷的說法。我們常聽說「老子五千言」或「五千文」，只是取一個成數而已。

《老子》一書，有人以為太史儋所作，有人以為是莊子的門徒所依託，也有人以為是呂不韋的門客所纂輯，更有人以為是漢人所掇拾而成。真是眾說紛紜，莫衷一是。在這紛紜眾說中，我們認為還是司馬遷的說法最為可信。因為其中有些文字，必定出自於老子之口，莊子以後的人是無法說出來的，如「道沖，而用之或不盈，淵兮似萬物之宗。……吾不知誰之子，象帝之先。」（第四章），如「吾不知其名，字之曰道，強為之名曰大。」（二十五章）都是。胡適之先生曾說：「《老子》書中論『道』，尚有『吾不知其名，字之曰道，強為之名曰大』的話，是其書早出最有力之證，這明明說他初得著這個偉大的見解，而沒有相當的名字，只好勉強叫他做一種歷程──道或形容它叫做『大』。這個觀念本不易得多數人的了解，故直到戰國晚期才成為思想界一部人的中心見解。但到此時期──如《莊子》書中──這種見解，已成為一個武斷的原則，不是那『強為之名』的假設了。」(〈與錢穆先生論老子問題書〉)徐復觀先生也曾說:「《老子》一書,沒有一個性字。性字的流行,乃在戰國初期以後,所以《論語》中也只有兩個性字。現行《老子》一書中,有實質的人性論,但不曾出現性字,這可證明它是成立於戰國初期以前的東西,不足為異。」(〈道家人性論的創始者——老子的道與德〉)胡、徐二位先生的看法,真是超人一等。如果仔細推究一下戰國時代的道家之學,就可以看出列子的「貴虛」,是老子「貴柔」思想的演進;楊朱的「為我」,是老子「無為」哲學的發展;莊子的「曠達」,是老子「自然主義」的開拓。諸家學說「其要本歸於老子之言。」(《史記・老莊申韓列傳》)而《道德經》則是諸家學說的搖籃。

當然,《老子》書中也有後人雜入的文章,如二十六章的「萬乘之主」,全書常見的「侯王」等詞,顯然都是戰國時代的成語,而不是春秋末年所能有的。另外也有注文混進去的,如三十一章的「偏將軍居左,上將軍居右,言以喪禮處之。」既用「言」字,當然是注文無疑。不過這些文字並不多,所以,這本書的作者,我們認為還是老子,只不過有很少的部分是後人的文字或注文混入的罷了。

三、老子思想形成的因素

任何一種思想的形成，分析起來，其因素固然複雜，但總不外乎主觀和客觀兩方面，老子當然也不例外。影響老子思想的客觀因素是時和地，主觀因素是學養和年壽。茲分別說明如下：

（一）地　老子是楚國人，楚國位居中國的南方，這一點對他的思想有非常大的影響。因為南方風氣柔弱，不像北方風氣剛強，因此形成老子重視柔弱的思想。在《禮記．中庸》裡，孔子就曾說過：「寬柔以教，不報無道，南方之強也。衽金革，死而不厭，北方之強也。」這話用現在口語說出來就是：「用寬容柔弱教誨人，有人對我橫逆無禮，我也受而不報，這是南方式的強。穿著鎧甲，拿著兵器，戰死了也不皺一下眉頭，這是北方式的強。」我們看老子一再講「守柔曰強」（五十二章）、「柔弱勝剛強」（三十六章）、「強梁者不得其死」（四十二章），這不是「寬柔以教」嗎？老子又說：「報怨以德」（六十三章），這不是「不報無道」嗎？另外，南方天氣和暖、土地肥沃、衣食常足，人們不憂凍餒，因此喜歡順應自然，做個遁世的人，而對人為的政治，都持反對態度，甚至反對傳統的政治社會制度。我們看《論語》裡的隱者如楚狂接輿、長沮、桀溺，都是楚人。《漢書．藝文志》中的道家如蜎子、長蘆子、老萊子、鶡冠子，也都是楚人，由此我們可以知道，老子「小國寡民」、「自然無為」的思想，其產生的根源都和他出生於楚地有關。

（二）時　老子所處的時代和孔子相同，是春秋的晚期。這時候齊桓、晉文的霸業早已過去，而由南方蠻夷國吳、越爭霸。「尊王攘夷」的口號久已不行，王室衰微，王綱不振。禮樂征伐不僅不能由天子出，也不能由諸侯出，而大都出於大夫之手。魯國三桓專政，齊國田氏篡奪，晉國六卿擅權。這是政治方面的情形。「師之所處，荊棘生焉，大軍之後，必有凶年。」（三十章）、「天下無道，戎馬生於郊。」（四十六章）這是軍事方面的情形。稅收十取其二，還嫌不足（《論語．顏淵》），「苛政猛於虎。」（《禮記．檀弓》）、井田廢棄，「朝甚除，田甚蕪。」（五十三章）這是經濟方面的情形。貴族沒落，禮制敗壞，封建制度崩潰，這是社會倫理的情形。總而言之，這是一個極度混亂的時期。

孔子是貴族的後代，盡力想挽回這種頹勢，雖然明明知道不可為，但還是努力去做。老子雖和孔子處在同一時代，但是由於出身不同，地域各異，所以應付的方法也就不同。

政治方面，他主張「無為」，贊成治政者「無心，以百姓心為心」（四十九章）的民主。軍事方面，他反對戰爭，他認為「兵者，不祥之器，物或惡之，故有道者不處。」（三十章）社會倫理方面，他反對禮制，說「禮者，忠信之薄，而亂之始也。」（三十八章）經濟方面，他雖沒有說出什麼主張，但由他反對稅收的情形來看，他是贊成輕稅的，或者根本廢除稅收。這些主張，雖然本來是為了救世之急，但由於原則正確，所以也並不限於一時之用，漢代文、景用了而天下大治，不就是最好的說明嗎？

（三）學養《史記．老莊申韓列傳》說老子曾做過周室的柱下史，這個職務相當於現在的圖書館館長。由於職務上的便利，他可以飽覽群書，對歷史上的成敗、存亡、禍福，看得多了，知道世界上的一切紛爭都是起於欲念，一切罪惡都是肇因於人為，所以他主張歸真返樸，致虛守靜，棄人事而任自然。班固《漢書．藝文志．諸子略序》說道家：「知秉要執本，清虛以自守，卑弱以自持。」真是一針見血。

不過，我們認為在古代的典籍中，對老子影響最大的應該是《易經》這一本書。因為任何一種思想，並不是憑空可以產生的，而必定上有所承。老子的宇宙論這樣的深微玄妙，如果說沒有所承，那是難以置信的。但老子以前並沒有大思想家，因此老子所能承受的就只有《易經》了。班固說九流十家是「六經之支與流裔」（《漢書．藝文志》），換一句話，六經就是九流十家的根本。但六經中《詩》是文學典籍，《書》是公文總匯，《禮》和《樂》都和思想無關，《春秋》在老子時還沒有產生，那麼能夠作為老子思想根源的，就只有《易經》了。所以我們說老子思想是承受《易經》而來。

我們看《易經》六十四卦，沒有一卦六爻都是好的，只有謙卦例外，而老子特別重視謙下退讓。《易經》是講休咎禍福的，而《老子》書中殃、咎、禍、福等字樣，觸目皆是。《易經》是講陰陽消長的，而循環反覆是老子思想中重要的一環。《易經》講宇宙的演化是「易有太極，是生兩儀，兩儀生四象，四象生八卦。」（繫辭上）而老子則說：「道生一，一生二，二生三，三生萬物。」次序和《易經》相當。易有「簡易」、「變易」、「不易」三種含意，而老子以「道」為宇宙根源，可稱「簡易」。講「正復為奇，善復為妖。」萬物循環反覆，這是「變易」。而變化中自有法則，如說：「復命曰常。」（十六章）又說：「用其光，復歸其明，是謂襲常。」（五十二章）這是「不易」。有這許多相同的地方，誰還能說老子的思想沒有受到《易經》的影響呢！王弼一生注解的書最重要的只有兩本，那就是《易經》和《老子》，由此看來，王弼老早就看出這兩書精神有貫通之處了。

（四）年壽　形成老子精微玄妙思想的，年壽也是重要因素之一。因為年壽愈高，學養愈深，思想愈精。就以孔子來說，「三十而立，四十而不惑，五十而知天命，六十而耳順，七十而從心所欲，不踰矩」。每隔十年，就有一番精進。如果孔子活不到七十歲，就沒有辦法到達「從心所欲，不踰矩」的境界。同樣的，老子如果只活個四五十歲，也就沒有辦法產生這樣精深的思想，所以近代有人說《老子》這本書，是一群有智慧的老人言論的總集。僅就年齡一項來看，倒也不無道理。

依據《史記》的記載，老子活了一百六十多歲，這很有可能。因為老子修道養壽，年壽當然比一般人高，他的名字叫「聃」，《說文》：「聃，耳曼也。」「耳曼」就是耳長，耳長又是長壽的特徵。近代人考證老子不姓李，而姓老，如果姓老的話，又是一個長壽的徵象，我們看老萊子七十歲時父母還健在，他還穿著彩衣娛樂雙親，以此推論，老子活到一百六十多歲當無問題。《史記》說老子「居關久之，見周之衰，迺遂去。」那麼，老子在寫書的時候，至少也有七十歲左右，當然對世事物理，能夠看得透透徹徹，再加上深厚的學養，自然能形成玄妙而有系統的思想了。

四、老子思想流行的原因

有人說老子思想所以能流行，是因為學術、政治、文學、宗教等取用的關係，這個說法並不完全正確。因為學術、政治、文學、宗教的取用，只是流行的結果，並不是流行的原因，雖然這也能產生推波助瀾的作用，但究竟不是最基本的原因。我們認為最基本的原因是由於老子的思想既有深度、又有廣度。有深度是說他的思想有微妙玄通，深不可測的形上學作為基礎，因而能夠有廣大開展，這就好像是長江大河有了不尋常的源頭，因而才能有激流騰湧，波瀾壯闊的下游。有廣度是說他的思想能夠實用，並且能夠應用多方。因而先秦諸子除道家外，其他如法家、陰陽家、雜家、兵家，無不引用。甚至連儒家都多多少少受到一點影響。有深度，蘊藏無窮，探討不盡，因而能得到知識分子的傾心，而應用於政治、學術、文學、宗教。有廣度，失敗之後，使人心平氣和；退後一步，感覺海闊天空，因而能得到平民百姓的愛好，而應用於日常生活之中。發展到今天，老子的思想，不僅受到中國人的重視，也受到全世界人士的注意了。前幾年美國《紐約時報》把老子列為全世界古今十大作家之首，不就是一個最好的證明嗎？

五、本書簡介

本書介紹《老子》，共分三大部分。第一部分是前言，第二部分是正文解析，第三部分是結語。第一部分又分為五個部分，分別介紹老子人，《老子》書，老子思想形成的因素，老子思想流行的原因，和本書簡介。其目的在使讀者了解老子生平，《老子》一書成書的經過，分篇分章的情形，老子思想形成的因素，老子思想流行的原因，以及本書的內容大概。

第二部分是按次序介紹《老子》八十一章正文。每章介紹的方式分為四個步驟，首先列出原文，其次譯意，其次解析，最後說明。《老子》只有五千言，並且字字珠璣，不讀原文，是無法體會它深厚的含意的，所以我們首先把原文列出來，讓讀者和譯文互參，而能夠體會到它的精義深趣。譯文部分是讀者通到原文的橋梁。不過，我們的譯文並不是逐字逐句譯的，而是採取意譯的方式，讓讀者能夠融會原文的意思，而不受字句的束縛。「解析」部分不僅解釋字的意思，更說明它的內容，並溝通前後文的思想。「說明」部分是對全章的中心旨趣作一說明，當然，有的時候也會稍作引申。

第三部分又分為四小部分，分別介紹老子思想的系統、精神、價值、影響。老子思想是有系統的，尤其是形而上的部分，但這個系統在《老子》書裡看不出來，一定要作一個整理，然後思想系統才能顯現。為了要使讀者對老子思想有一個整體的、有系統的認識，所以就把他的思想系統陳列出來，以方便讀者。至於老子思想的精神何在？有什麼價值？對後代又有什麼影響？這些也都是讀者所關心的事，在此也不嫌淺陋地把它一一寫出來，以供參考。

末尾，附上重要的參考書籍，以備讀者在讀完本書後，如果還想閱讀相關書籍時，便於參酌。

在這三大部分之中，當然以第二部分正文解析最為重要，其他二部分，都是從這一部分衍生出來的。讀者要想了解老子，一定要先看這一部分。如果忽略這一部分，而把重心放到其他二部分去，那就是本末倒置了。

本書採用王弼注本。因為王弼本注得最好，也最通行，坊間很容易就可以買到。參考的書很多，大致都在最後附的參考書目裡，恕不一一列舉。至於原文字句的更動，大部分都根據《帛書老子》。因為《帛書老子》是最近才出土的，是漢高祖、漢惠帝時候的人抄寫的，比現在任何一家的《老子》都早，當然是最具權威，也是最有參考價值的。

正文解析

第一章

道可道，非常道；名可名，非常名。無，名天地之始；有，名萬物之母。故常無，欲以觀其妙；常有，欲以觀其徼（ㄐㄧㄠˋ jiào）。此兩者，同出而異名，同謂之玄。玄之又玄，眾妙之門。

【譯意】文字沒有辦法完全表達語言，語言也沒有辦法完全表達意思，語言文字的功用是很有限的。所以一個很淺顯的道理，還可以用語言文字來解說，至於那包含宇宙萬物之理的大道，沒有形狀，看也看不到；沒有聲音，聽也聽不到；沒有實體，摸也摸不到，並且恆久不變，那就不是語言文字所能解說的了。同樣道理，一個普通的真相，還可以給它加上一個名稱來稱謂，至於那包含宇宙萬物之理的大道的真相，恆久而不變，是沒有辦法給它加上一個名稱來稱謂的。因為你稱它為甲，它就不是乙；你稱它為彼，它就不是此了。

因此，要了解大道，可不能執著語言文字和名相，完全要靠心靈去領悟，否則，就要走入迷途而永遠無法清醒。明瞭這個道理，就可以談談天地萬物創生的情形了。天地開始的時候，沒有物體，沒有形象，這種情形，可以稱之為「無」，這「無」就是「道」的本體，而這「道」就是宇宙的本源。當「道」一產生創生的作用，萬物就隨之而生。在萬物創生而沒有形體的時候，可稱之為「有」，這「有」就是「道」的作用。所以，常想到天地的本始是「無」，就可以了解道的本體精微奧妙；常想到萬物的根源是「有」，就可以了解道的作用廣大無邊。「無」和「有」一是道的本體，一是道的作用，各是道的一面，可以說同出於道，只是名稱不同而已，並且都可以稱為玄妙，玄妙而又玄妙，那就是宇宙萬物創生的本源——道——了。

【解析】「道可道，非常道；名可名，非常名。」第一個「道」字是名詞，指宇宙的本源。關於宇宙的本源，古代希臘哲學家有人說是水，有人說是火，也有人說是空氣，中國的陰陽家認為是五行（金、木、水、火、土），老子卻認為是「道」（說見第四、二十一、二十五各章）。第二個「道」字是動詞，講說的意思。「常」的意思是恆久不變。「常道」，就是恆久不變的道。第一個「名」字是名詞，指「道」的真相。第二個「名」字是動詞，稱謂的意思。「常名，就是恆久不變的名。」老子的「道」，包含著宇宙萬物的發源、生長、變化、歸宿的道理，是非常玄妙而無法用語言文字來講說的，但又不能不說，所以只好立了這五千餘言。佛家講到最高境界，也只是說：「不可說！」世尊在靈山會上，拈花示眾，這時大家都默然不響，只有迦葉尊者破顏微笑。世尊只是以花示眾，並未說破，迦葉參悟禪機，也只是微笑而已，不用語言解說。因為形諸語言，反而破壞真相，橫生枝節，佛教禪宗所謂「說是一物即不中」，就是這個道理。老子立了五千餘言，怕後人把這五千餘言就當作「道」的全部，所以開宗明義就要人不要過分執著語言文字，這五千餘言並非「常道」，只是通往「常道」的橋梁而已。事實上，對所有的書籍，都不應該過分地執著它的文字，孟子所謂「盡信書，則不如無書。」（《孟子．盡心下》）就是這個意思。《淮南子．道應訓》裡有一段桓公和木匠輪扁的對話，把這個道理說得最為清楚：

輪扁：「您所讀的是什麼書？」
桓公：「是聖人的書。」
輪扁：「那個聖人在什麼地方？」
桓公：「已經死了。」

輪扁：「那麼，您所讀的只是聖人的糟粕罷了。」

桓公：「我在讀書，你一個木匠竟敢譏諷我！你說得出理由來，還則罷了，如若不然，我可要你的命！」

輪扁：「是的，我有理由。拿我造輪的例子來作一個說明，斧頭揮動得太快了就感到很苦，而且砍不進去；揮動得太慢了則感到輕鬆，又做得不夠完好。要揮動得不快不慢、得心應手，那才是至妙的境地。但這種境地，我無法傳給我的兒子，我的兒子也無法從我這裡學到。所以我現在七十歲了，還要親自造輪。聖人所說的話也一樣，事實真相說不出來，已被聖人帶到墳墓裡去了，所剩下的只是一些糟粕罷了。」

這段話的意思是說，真實的東西，語言文字是無法表達的。反過來說，可以用語言文字表達的，那就不是真實的東西。所以老子說：「道可道，非常道；名可名，非常名。」蘇東坡在〈日喻〉一文中，對這個道理有一個很精闢的譬喻。他說：「有一個天生的瞎子沒見過太陽，就問人家太陽是什麼樣子的？有人告訴他說太陽的形狀就跟銅盤一樣，他敲敲銅盤而曉得了它的聲音。有一天，他聽到了鐘聲，就認為那是太陽的聲音。又有人告訴他太陽的光就跟蠟燭的光一樣，他摸摸蠟燭了解了它的形狀。有一天，他摸到一根短笛，就認為那是太陽。」太陽是有形的，人人可以看到，但經過用語言解說給沒有見過的人聽，結果卻由銅盤錯成鐘，由蠟燭錯成笛子。道是抽象的，任何人都沒有見過，比太陽要難知道得多，如果要透過語言的解說，那還不知道要錯成什麼樣子呢！

「無，名天地之始；有，名萬物之母。」這兩句話的意思是說，天地的源始是「無」，萬物的源始是「有」。「始」和「母」的意思相同，是根源的意思。這是《老子》書中的常用語，其他如「門」、「根」、「宗」、「本」意思都一樣。這裡的問題是，「無」和「有」，「天地」和「萬物」究竟有什麼關係。「無」是道的本體，「有」是道的作用。兩者雖各為道的一面，但老子說：「天下萬物生於有，有生於無。」（四十章）可見「無」的層次要較「有」為高。老子又說：「天地不仁，以萬物為芻狗。」又說：「昔之得一者，天得一以清，地得一以寧，……萬物得一以生。」可見天地比萬物的層次也較高。它們之間的次序是，無——有——天地——萬物。這兩句話以前都讀成「無名，天地之始；有名，萬物之母。」直到司馬光、王安石、蘇軾才讀為「無，名天地之始；有，名萬物之母。」細細尋思文意，以「無名」、「有名」對讀，雖也可通，但究竟不如以「無」、「有」對讀文意較為順暢。

「故常無，欲以觀其妙；常有，欲以觀其徼。」「常無」，是說常以天地的本始為無。「常有」，是說以萬物的根源為有。兩句的「其」字都是指道。「妙」，精微奧妙的意思。「徼」，王弼解為「歸終」，引申有廣大無際的意思。這兩句的意思是說，常以天地的源始為無，是為了要觀照道體的精微奧妙；常以萬物的根本為有，是為了要觀照道用的廣大無邊。這兩句也有讀成「常無欲，以觀其妙；常有欲，以觀其徼。」但㈠老子反對欲，怎麼教人「常有欲」呢？㈡「常有欲」又如何能夠「觀其徼」？㈢本章在敘述道體（無）和道用（有），所以下句「此兩者」同出而異名，就是指的無和有，如果這兩句讀為「常無欲」「常有欲」，下句的「此兩者」當然是指「常無欲」和「常有欲」；但「常無欲」、「常有欲」怎麼會是「同出而異名」？又怎麼會是「同謂之玄」？由此看來，還是以讀成「常無」、「常有」較佳。

「此兩者，同出而異名，同謂之玄。」「此兩者」指「無」和「有」，上文已說過，「無」是道的本體，「有」是道的作用，各是道的一面，只是名稱不同而已，所以說是「同出而異名。」「同出」是指同出於道。由於「無」和「有」都是抽象的，並非有形的物體，但卻能創生出有形的天地萬物，所以說「同謂之玄」。

「玄之又玄，眾妙之門。」「玄」字本來的意思是小，引申而有精微玄妙的意思。「玄之又玄」，指精微玄妙的極處。「玄」指「無」和「有」，「玄之又玄」，指「無」和「有」的盡頭，那當然是指「道」而言。而「道」是萬物萬理的出處，所以說是「眾妙之門」。

【說明】 本章在說明「道」的體和用。老子首先教人不要執著語言和名相，以免走入迷途。他說宇宙的本體是「無」，由「無」而生天地，由天地而生萬物，終於形成了萬象紛紜的世界，這和自然科學上所講的天地萬物的形成，其前因後果，大致相同。然後他又從萬象紛紜的世界，往上推到本源的「無」和「有」，再從「無」和「有」上推到宇宙的本源——道。

在老子的思想體系裡，「道」當然是最重要的了。它不僅是天地萬物的根源，也是天地萬物生長變化的法則，更是天地萬物最後的歸宿。因此，無論我們把老子哲學分成多少部分，如宇宙論、人生論、修養論、知識論、政治論等，道都是各部分的最高指導原則。本章雖沒有直接說到道，但卻介紹了道的體和用，那就是「無」和「有」。「無」和「有」各是道的一面，「無」是道的本體，「有」是道的作用。「無」雖是天地之始，「有」雖是萬物之母，但它們並不是有形的物體，而只是概念而已。就層次上說，「無」的層次要比「有」為高，因為四十一章說：「天下萬物生於有，有生於無。」至於第二章的「有無相生。」只是說「有」和「無」兩個概念是相對而生的，這和層次毫無關係，不可混為一談。

第二章

天下皆知美之為美，斯惡已；皆知善之為善，斯不善已。故有無相生，難易相成，長短相較，高下相傾，音聲相和，前後相隨。是以聖人處（ㄔㄨˇ chǔ）無為之事，行不言之教。萬物作焉而不辭，生而不有，為而不恃，功成而不居。夫唯不居，是以不去。

【譯意】道體超出於萬物之上，是絕對的，也是渾樸無名的。所以既沒有美醜，也沒有善惡。人們在這種情況下，不識不知，質樸純真，一切順從自然，沒有愛憎，沒有紛爭。及至道體分裂，「樸散為器」（二十八章），則一切美醜、善惡等相對之名也因而產生。但當天下人都知道美和善的時候，必定喜愛美而厭惡醜，趨向善而逃避惡。於是競爭產生，詐偽興起，那反而不美、不善了。其他如有和無也相對而產生，難和易也相對而形成，長和短也相對而顯出，高和下也相對而顯現，音和聲也相對而應和，前和後也相對而成序。所有這些相對的概念，都由對待的關係而產生，正如美和醜、善和惡一樣，當這些相對的概念產生以後，人們便都趨向於自認為好的、有利的；而逃避自認為壞的、有害的。於是，人世間從此就擾攘不安了。只有體道的聖人，能夠緊緊抱守絕對的「道」，超越一切相對的「名」，一切順應自然，以「無為」的態度來處事，用「不言」的方法來施教。任萬物自然生長變化，而默不作聲；生長了萬物，卻不據為己有；作育了萬物，卻不自恃其能；成就了萬物，卻不自居其功。正由於他不自居其功，反而得到萬物的尊敬愛戴，結果他的功績卻能夠永垂不朽。

【解析】「天下皆知美之為美，斯惡已；皆知善之為善，斯不善已。」「天下」，指天下之人。「斯」，則、就的意思。「已」，相當於「矣」。「道」是宇宙的本源，它是超越萬物、超越時空而存在的，所以它是絕對的。正因為「道」是絕對的，所以無所謂美醜，無所謂善惡。換句話說，道是至真、至善、至美的，不容許我們去分解它；但人們往往都有偏見，自私自利，用他們的私智，把道一剖再剖，於是將渾樸的道體鑿碎了，而一切對待的概念也從而產生了。當大家都知道什麼是美醜，什麼是善惡以後，一定都爭美棄醜，向善背惡，於是紛爭迭起，詭詐叢生，世界從此擾攘不寧，那不是反而壞了，反而不好了嗎？

「有無相生，……前後相隨。」「有、無」，這裡只是指兩個相對的概念——「有」和「沒有」，與第一章「無，名天地之始；有，名萬物之母。」的「有、無」，一指道體，一指道用，意思完全不同。「相生」，相對而生的意思。「相傾」，相比的意思。「音聲」，就是音響，響是回聲。有無、難易、長短、高下、音聲、前後，都是相對詞，《老子》書中的相對詞特別多，除了這些以外，還有：虛實、強弱、外內、開闔、去取、寵辱、得失、清濁、敝新、唯阿、昭昏、察悶、全曲、直枉、多少、大小、輕重、靜躁、雄雌、行隨、歔吹、白黑、吉凶、張歙、興廢、與奪、剛柔、厚薄、貴賤、進退、陰陽、損益、寒熱、生死、親疏、利害、禍福、正奇、善夭、智愚、牝牡。所有這些對待的概念都是在渾樸的道體分裂之後才產生的，但既然已經產生了，那已是無可如何的事。

老子只有教人認清這些相對的概念，只有在比較之下才能產生，也就是說，只有在某一個時間、某一個空間限度下，才能產生，如果從更高的角度或另一個角度來看時，這些分別或者根本不存在，或者有其相通互濟的地方。所謂「以道觀之，物無貴賤；以物觀之，自貴而相賤；以俗觀之，貴賤不在己。」（《莊子．秋水》）就是這個意思了。例如晝和夜，在臺灣是晝的時候，在美洲剛好是夜，這就是空間的限制。民國以前，滿族是異族，民國以後，同是中華民族，這就是時間的限制。明瞭這個道理，那麼我們對於一切相對的事物，如無和有，難和易，長和短，高和下，音和聲，前和後等，都要淡然處之，不要庸人自擾才好。

「是以聖人處無為之事，行不言之教。」「聖人」，是道家理想中的人物，他與道同體，純任自然，謙下不爭，無為無欲，和儒家理想中有為有欲的聖人完全不同，不可混為一談。「無為」，是不自私、不任意，一切依循自然而為的意思。並非一點事不做，只是如天地創生萬物，順乎萬物生生的本性罷了。因為任意妄作的結果，不僅破壞自然，還要造成人禍。例如大禹的父親鯀治水，不順水性，四面圍堵，治了九年而水患不息。後來禹來治理，排導渲洩，一舉而水患絕跡，就是能順著水性的關係。「不言」，本來的意思是不說話，引申有不立聲教法令的意思。我們看天並沒有講話，而四時運行不已，萬物生長不息。春秋時候，魯國有一個叫做王駘的人，只有一條腿，魯國跟從他學習的人和跟隨孔子學習的人一樣多。王駘既不教誨，也不議論，可是跟他學習的人，每天空虛地去，卻非常充實地回來。（見《莊子．德充符》）這就是「不言之教」的最好說明。這兩句是說世俗之人多執著於相對的名，自陷於紛擾之境。只有聖人能夠與道同體，一切順從自然而行。

「萬物作焉而不辭，生而不有，為而不恃，功成而不居。」「作」，興起、生長的意思。「辭」，動詞，言說的意思。「不辭」應上文「不言之教。」「不有」，不占有的意思。

「恃」，賴的意思。「不恃」，不依恃其能。「不居」，不居其功。這四句的意思是說，聖人無私無欲，生長了萬物，卻不據為己有，明明有功，卻不居其功。

「夫唯不居，是以不去。」「唯」，因為的意思。「不去」，不消失，也就是長存的意思。聖人不居其功，結果他的功勞反而能夠長存不朽。這就有如天地無私，生長萬物，萬物莫不感恩戴德的情形一樣。二十二章說：「不自伐，故有功。」正是這個道理。春秋時，晉文公的臣子介之推不誇己功，不提官祿，隱居而終，結果名垂青史。光武中興，群臣爭功不已，只有馮異獨自站在大樹下，一言不發。後人尊為「大樹將軍」，傳為美談。這些都是不居其功，其功不去的最佳例證。

【說明】本章在說明相對的概念皆由相比較而得，世人不可妄分是非，強別善惡，以免自陷紛擾。並揭示聖人無為而治、不言而教，一切順應自然的作法，以作為模範，使人有一個遵行的準則。宓子賤治理單父，每天只彈彈琴，連大堂都不下，結果單父治理得非常好。這可以說是無為而治最好的例子了。

第三章

不尚賢，使民不爭；不貴難得之貨，使民不為盜；不見（ㄒㄧㄢˋ xiàn）可欲，使民心不亂。是以聖人之治，虛其心，實其腹，弱其志，強其骨。常使民無知無欲，使夫智者不敢為也。為無為，則無不治。

【譯意】　賢人，是人人都想做的；賢名，是人人都要享的。崇尚賢人，則人人競爭；崇尚賢名，則人人傾軋。如果在上位的人不崇尚賢人、賢名，人民沒有爭逐的對象，競爭、傾軋當然就隨之而停止了。金銀珍寶等都是難得的財貨，也是人人爭逐的對象，而盜賊之所以產生，大都是為了要獲得這些難得的財貨，如果在上位的人不重視這些難得的貨物，不搜刮聚斂，人民自然不去逐取，也不至於淪為盜匪了。所謂「上有好（ㄏㄠˋ hào）者，下必有甚者。」（《孟子．滕文公上》）如果在上位的人無所嗜好，人民自然就不爭了。人之所以好名利，因為名利可欲的緣故。如果在上位的人不顯示名利有什麼可欲，那麼，人民的意不會迷，心也不會亂了。所以體道的聖人治理國家，必先從治身做起，使每一個人心志空虛，不知不識，渾渾沌沌；使每個人腹飽體健，無欲無求。在這種情況下，縱使有智巧的人，也沒有辦法使用其技倆了。這樣順其自然無私無我的治理，國家就沒有什麼治理不好的了。

【解析】「不尚賢，使民不爭。」「賢」，指賢名，兼指世俗所謂的賢人。老子並不反對實質上的賢，他曾說：「是以聖人為而不恃，功成而不處，其不欲見賢。」（七十七章）只是反對賢名和世俗所謂的賢人罷了。因為賢名和世俗所謂的賢人，不僅無益於國，而且會引起眾人的爭逐，弄得社會擾攘不寧。

「不貴難得之貨，使民不為盜。」「難得之貨」，指金銀珍寶等財貨。這些東西，餓了不能吃，冷了不能穿，本身並沒有什麼價值，只是由於人的重視，才身價百倍，使得人人貪得，個個爭取。甚至竊盜搶奪，也在所不惜。真是「難得之貨，令人行妨。」（十二章）由此看來，這些「難得之貨」，豈不是造成竊盜的根源？如果在上位的人不重視它，人人都把它看作糞土，大家要都不想要，誰還會竊盜呢？這就是老子主張「不貴難得之貨」的原因。

「不見可欲，使民心不亂。」這句是總括上文「賢」、「貨」而言，所以「可欲」，兼指上文的名和利。「見」，顯現的意思。人之所以好名好利，是因為名利的可欲，如果在上位的人不顯示名利有什麼可欲，人民的貪心自然不會產生，也就不至於迷亂了。

「虛其心，實其腹，弱其志，強其骨。」心和志是智力巧詐發源的地方，而智力巧詭是聖人治國的絆腳石。十八章說：「智慧出，有大偽。」六十五章說：「民之難治，以其智多。」即其證明。老子主張「虛其心」、「弱其志」即在使人民無知無識，返樸歸真。「骨」、「腹」，皆指生理。「實其腹」、「強其骨」，在使人民無求無欲，簡單樸實。在這種情形下，人民才能「甘其食，美其服，安其居，樂其俗。」（八十章）達到道家理想的生活境地。

「常使民無知無欲，使夫智者不敢為也。為無為，則無不治。」「無為」的基礎在於「無欲」和「無知」。人民既已「無知」、「無欲」，回復到渾沌的境地，那麼，在上位的人就可以順應自然以「無為」為治了。這時縱使有聰明智慧的人出來，也不敢有所作為了。

【說明】　本章可說是老子的政治論。他反對尚賢，反對重視財貨。主張虛心實腹，弱志強骨，以使民無知無欲，歸真返樸，以達到「無為而治」的目的。

第四章

道沖，而用之或不盈。淵兮似萬物之宗。挫其銳，解其紛，和其光，同其塵，湛（ㄓㄢˋ zhàn）兮似或存。吾不知誰之子，象帝之先。

【譯意】「無」為道體，所以道體是虛無的；但道的作用卻無窮無盡，永不止息。道體微妙玄通，深不可識，又能創生萬物，所以可說是萬物的本源。它不露鋒芒，消除紛擾，隱藏光芒，混同塵俗。它雖隱沒無形，卻能生化萬物，則是真實而不虛，似乎自古而存在。我不知道它是從哪裡產生的，但是它能創生天地，當然該在天帝之前就有的了。

【解析】「道沖，而用之或不盈。」「沖」，空虛的意思。「盈」，窮盡的意思。道以「無」為體，「視之不見，聽之不聞，搏之不得。」（十四章）所以說「道沖」。道能創生天地萬物，並且永不止息，它的作用真是無窮無盡。四十五章說：「大盈若沖，其用不窮。」和這句的意思相同。道體不能是實在的，因為如果是實在的必有用盡的一天，唯有是空虛的才能用之不盡。這就猶如搧火的風箱，打氣的氣筒一樣，中間空虛，才能「動而愈出」（第五章）。

「淵兮似萬物之宗。」「淵」，深的意思。「宗」，和始、母、門等的意思相同，根本的意思。道能創生天地萬物，所以說是「萬物之宗」。

「挫其鋭，解其紛，和其光，同其塵。」道「生而不有，為而不恃。」（第二章）這是「挫其鋭」；自然無為、虛靜無私，這是「解其紛」；「光而不燿」（五十八章），這是「和其光」；「大白若辱」（四十一章），這是「同其塵」。

「湛兮似或存」。「湛」，隱沒的意思。道雖隱沒無形、看不見、聽不到、摸不著，但確實是存在的。所以說：「湛兮似或存。」

「吾不知誰之子，象帝之先。」「子」是被生的，「母」是創生體。道是萬物之母，而不是任何東西的子。所以說：「吾不知誰之子。」「帝」指天帝。《莊子．大宗師》解釋「道」：「道自己是自己的本，自己是自己的根。在沒有天地之前，就已經存在了。創造了鬼，創造了帝，生出了天，生出了地。」也就是說道並不是任何東西所創造的，但卻是所有一切的創造者。

【說明】本章是講道的體和用。講道體，它是萬物之宗，神鬼天地，無不自其中生出；講道用，它取之不盡，用之不竭，道實在是一個奧妙的東西。

第五章

天地不仁，以萬物為芻狗；聖人不仁，以百姓為芻狗。天地之間，其猶橐籥（ㄊㄨㄛˊ ㄩㄝˋ tuó yuè）乎。虛而不屈，動而愈出。多言數窮，不如守中（ㄔㄨㄥ chōng）。

【譯意】天地是大公無私的，對萬物一視同仁，把萬物當做草紮的狗一樣，沒有喜愛，也沒有憎恨；聖人也是大公無私的，對百姓一視同仁，把百姓當做草紮的狗一樣，沒有喜愛，也沒有憎恨。天地之間，就好像打鐵時用來搧火的風箱一樣。風箱中間雖是空虛的，但正因為其中廓然空虛，所以才能夠生化萬物，養育萬類，並且這萬物萬類，滋生繁衍，愈衍愈多。由此可以得到一個啟示：多所作為，多所設施，反而招致錯誤、失敗，還不如抱守清虛，無為不言來得好。

【解析】「天地不仁，以萬物為芻狗；聖人不仁，以百姓為芻狗。」「仁」，是儒家思想的中心，是修養的最高境界；但在老子的思想體系中，並未占有重要地位。三十八章說：「失道而後德，失德而後仁。」仁排在道和德之後，僅占第三等而已。仁者必設施教之，有恩有為；但老子主張因任自然，無為不言，當然反對仁了。所以本章的「仁」字，引申有偏私的意思。「不仁」，就是大公無私了。「芻狗」，是用草紮成的狗，祭祀的時候裝飾漂亮然後獻上，用完以後就丟掉，毫不愛惜。天地對於萬物，也是如此，一視同仁，無愛無憎，任憑萬物自然發展，以保全其本性。所以說：「以萬物為芻狗。」聖人治政，也是如此，不造不設，以順遂人民的天性。其實，這從表面上看來是不仁，實際上卻是大仁。就好像做父母的對孩子不聞不問、不打不罵，看起來好像不愛孩子，實際上卻是非常的愛，因為這樣，孩子能自由發展，充分地發揮本能啊！

「天地之間，其猶橐籥乎。虛而不屈，動而愈出。」「橐籥」，是鑄鐵時吹風搧火的風箱。「不屈」，無窮的意思。風箱內容空虛，卻能生風不已。天地之間，也是廓然空虛，卻能生化萬物，愈衍愈多，無窮無盡。

「多言數窮，不如守中。」「言」和第二章「行不言之教」的「言」意思相同，指聲教法令。「數」，速的意思。「窮」，窮困，引申有失敗的意思。「中」就是「沖」，虛的意思。這兩句的意思是說，有為多言，往往導致錯誤失敗，還不如抱守清虛，無為不言的好。

【說明】本章是說大道創生萬物，純任自然，無偏無私。國君治政，也應該效法這種精神，無為不言，與民相安，社會自然安寧。秦王暴政，民怨沸騰，高祖僅僅約法三章，而人民愛戴不已，就是最好的證明。

第六章

谷神不死，是謂玄牝（ㄆㄧㄣˋ pin）。玄牝之門，是謂天地根。緜緜若存，用之不勤。

【譯意】道體是空虛的，它的創生能力卻是神奇莫測，而它又是永遠存在的，道具有這三種特性，真可以說是玄妙的創生體了。天地萬物都是從其中變化出來的，所以這個玄妙創生體的大門，就是天地萬物的本根。它雖幽微，但創生能力卻緜緜不絕，它雖沒有形體，但確實是存在的。它這種創生作用，真是無窮無盡，愈動愈出。

【解析】「谷神不死，是謂玄牝。」「谷」，本指山谷，這裡用來比喻道體的空虛。「神」，形容道體創生能力的神奇。「不死」，有生命的東西都要死亡，道是沒有生命的，所以常存而不死。「谷」、「神」、「不死」三個詞，都是形容道體的，也可以說都是道的屬性。這三個詞，是三個意思，要分開來讀，不能連讀。「牝」的意思相當於「母」，它的作用在於創生，所以可稱為創生體。但所有的「牝」、「母」，創生一段時期，創生的能力就要停止，只有道，它這種能力永不停止，所以稱為「玄牝」。「玄牝」，就是玄妙的創生體。

「緜緜若存，用之不勤。」「緜緜」，是微而不絕的意思。道體雖存在，卻是空虛的，不可聞、不可見、不可得，所以說「若存」。「勤」，是窮盡的意思。道體雖虛無，它的作用卻無窮無盡，所以說：「用之不勤。」

【說明】 本章在說明道的本體和作用。道體是虛無，道用是創生，正因為道體虛無，才能永存不死，而它的作用也才能無窮無盡。如果是有生命的，就必定會死亡；如果是實體，就必定有時而盡了。一般人都把道體說成是「有物」，以為這樣說就能把老子的道說得更清楚、更實在，殊不知這樣一來，就把道說「死」了，它的本體就難以涵蓋一切，它的作用就難以無窮無盡了。

第七章

天長地久。天地所以能長且久者，以其不自生，故能長生。是以聖人後其身而身先，外其身而身存。非以其無私耶？故能成其私。

【譯意】道體永恆，道用無窮。人們也許由於道體空虛，看不到、摸不著，而對這個說法難以接受。天地是道所創生的，是看得到、摸得著的，用天地來說明，人們也就可以由此而上推到道了。天地是永恆而無窮的。天地之所以能夠永恆而無窮，是因為它們無私的關係。它們生長萬物，只是為了生長而生長，換一句話說，只是為了服務罷了。體道的聖人明白了這個道理，所以處處謙虛退讓，結果反而得到人家的愛戴；事事不計較利害得失，捨己為人，結果反而身受其益。這不正是因為他不自私的關係嗎？結果反而成全了自己。

【解析】「不自生」，就是不為自己而生，也就是「無私」的意思。天地創造萬物，毫無私心，結果天地永恆而無窮；而人處處都在營私，事事都為了自己，結果人生短暫而渺小。要想人生長久、永恆，必須效法天道。我們看歷史上的偉人，如釋迦、基督、孔子、國父，他們之所以能夠死而不死，永恆存在，不正是因為他們毫無私心，捨己為人嗎？

「後其身而身先，外其身而身存。」「後其身」、「外其身」都是謙讓不爭的表現，而其基礎則在於無私。「後其身」、「外其身」的結果，是「身先」、「身存」，這就是儒家所謂的「謙受益」了。八十一章說：「既以為人己愈有，既以與人己愈多。」就是這個道理。

「非以其無私耶?故能成其私。」「無私」指上文的「後其身」和「外其身」，「成其私」指上文的「身先」和「身存」。「無私」反而能「成其私」，這話看起來很矛盾，實際上一點也不錯。須知道任何一個聲音必定有回響，任何一個作用力，必定產生反作用力。我打桌子一下，桌子一定在同時反打我一下，這是自然界的情形。人世間的事情也是如此。諺語說：「我為人人，人人為我。」孟子說：「愛人者，人恆愛之；敬人者，人恆敬之。」（《孟子．離婁下》）都是這個道理。要緊的是，當我們在「為人」、「愛人」、「敬人」的時候，可不能存著希望別人「為我」、「愛我」、「敬我」的心理，否則，那是最大的自私，哪裡還談得上無私呢？

【說明】本章在說明「無私」的益處。從天地的不自生而能長生，下推到聖人效法天地的無私，而能成其私。在在要人剷除利己之心，以立人達人、成人成物。孔子「毋我」、老子「無私」，在這一點上，孔、老是相通的。由此也可以知道偉人事業的共同基礎何在了。

第八章

上善若水。水善利萬物而不爭，處眾人之所惡（ㄨˋ wù），故幾（ㄐㄧ jī）於道。居善地，心善淵，與善仁，言善信，正善治，事善能，動善時。夫唯不爭，故無尤。

【譯意】有道德的人，就像水一樣。水有三種特性，第一是能夠滋養萬物，第二是本性柔弱，順自然而不爭，第三是蓄居流注於人人所厭惡的卑下的地方。有這三大特性，所以水是很接近道了。水處於卑下的地方，有道德的人為人謙下。水淵深清明，有道德的人虛靜沉默。水施與萬物，有道德的人也是博施而不望報。水照萬物，各如其形，誠實不妄，有道德的人所言所說，也都出自至誠，絕不虛偽。水能滋養萬物，清除汙垢而有績效，有道德的人清靜無為而人民自然歸於純樸，也有績效。水性柔弱，能方能圓，表現很好的功能，有道德的人施教立化，毫無私心，也能產生教化的功能。以上都是有道德的人像水的情形；但其中以「不爭」最為重要。正因為不爭，所以不會招致怨尤。

【解析】「上善若水。」「上善」，指上德之人，也就是有道德的人。老子在自然界中最重視水，在人中最重視嬰兒，所以常用水和嬰兒來比喻道。水性柔弱不爭，嬰兒柔弱純樸，這些特性正是道的最重要的特性。

「水善利萬物而不爭，處眾人之所惡，故幾於道。」「利萬物」，指水滋養萬物的功用。水性居下，而低下是人人所厭惡的，所以說：「處眾人之所惡。」「幾」，近的意思。「利萬物」、「不爭」、「處眾人之所惡」，是水的三大特性。水有這三大特性，所以能近於道。

「居善地，心善淵，與善仁，言善信，正善治，事善能，動善時。」這七句表面上是敘述水性，實際上是比喻「上善」的德。「善地」指卑下的地方。卑下的地方人人厭惡，但確實是最好的地方。江海居下，所以能成為「百谷王」，高也要以低下為基礎，才能穩固。有德之人謙下退讓，這和水「居善地」相同。「淵」，深的意思。水性空虛，淵深清明，有德之人心虛靜沉寂，這和水的「心善淵」相同。「與」，施與的意思。水施與萬物而無私心，所以稱「善仁」。有德之士也是施恩而不望報，這和水的「與善仁」相同。「信」，誠信的意思。水並不言，但水能照人，功用相同於言。水照人時，美醜妍媸，各如其形，這就是「信」。有德之人，所說的話都真實不虛，這和水的「言善信」相同。「正」就是「政」，動詞，治理的意思。「治」，指治績。水滋養萬物，清除汙垢而有績效。有德之人無為而民化，虛靜而民正，無事而民富，無欲而民樸（五十七章），這和水的「正善治」相同。「能」，功能的意思。水能方能圓，曲直隨形，表現至善的功能。有德之人順應自然，無私無欲，而能化育。這和水的「事善能」相同。「時」，時勢的意思。水的動靜變化，都能順應時勢。有德之人一切行動都能與時推移，隨俗成化。這和水的「動善時」相同。這七句有關於水的形容，實際上就是前面水的三大特性的具體說明。前面二句是說「處眾人之所惡」，中間四句是說「利萬物」，最末一句是說「不爭」。

「夫唯不爭，故無尤。」「尤」，怨尤的意思。一切怨尤都是產自於利害爭執，而一切爭執都是肇因於私心。項羽看到秦始皇的車駕，說：「我可以取而代之。」劉邦看到秦始皇的車駕，說：「大丈夫應當如此。」於是楚漢相爭了多少年，弄得生靈塗炭。沒有私心就不會有爭執，沒有爭執，哪裡來的怨尤？國父聽說袁世凱要當總統，為了息爭，就把位置讓給了他。這是何等氣魄，多麼大公無私！水的特性有很多，本章結尾特別提出「不爭」，實在是很有深意的。

【說明】本章借「水」來比喻「道」。水有「利萬物」、「不爭」、「就下」三大特性，而特別著重於「不爭」，因為「不爭」是「利萬物」和「就下」的基礎。人能效法水的不爭，就能產生「利萬物」，謙下的效果。真能如此，那也可以算是近於道了。

第九章

持而盈之，不如其已；揣而銳之，不可長保。金玉滿堂，莫之能守；富貴而驕，自遺其咎。功遂，身退，天之道。

【譯意】一個人內心要知足知止，待人接物要謙虛退讓。就以水為例，盛在任何器皿裡，都不能太滿，太滿了就要溢出來，所以在滿以前，就要趕快停止，不能繼續增加。再以刀錐等器具為例，能用就行了，如果磨得太銳利，鋒芒太露，就會折斷。一個人金銀財寶太多了，既會遭到別人的覬覦，自己也會因而生活糜爛，最後反而不能保有這些財寶。所以一個人富貴了以後，應該謙虛退讓，韜光養晦，如果不這樣，反而自我炫耀，以此驕人，那就要自招禍患了。須知道上天生萬物，也是「生而不有，為而不恃，功成而不居。」所以人在功成以後，就急流勇退，這才合於自然的道理。

【解析】「持而盈之，不如其已；揣而銳之，不可長保。」「持」，持守的意思。「盈」，滿的意思。「已」就是停止。「揣」，捶擊的意思。前二句是以水為喻，水過滿則傾溢；後二句以器具為喻，器太銳則折斷，以說明人不能自滿自驕，太露鋒芒。

日盈則昃，月滿則虧，這是自然界的現象；驕者必敗，傲者必亡，這是人世間的常情。

項羽百戰百勝，輕用其鋒，落得烏江自刎；苻堅投鞭斷流，驕態畢露，終於淝水敗亡。這些都是最好的例證。西洋人說：「上帝使人死亡，必先使其瘋狂。」可見這個道理，古今中外都相同。

「富貴而驕，自遺其咎。」「咎」，災禍的意思。夷吾（晉惠公）傲惰，失掉國家；石崇鬥富，遭到滅族。這就是「富貴而驕，自遺其咎」的道理。

「功遂，身退，天之道。」「遂」，成的意思。天生萬物，「為而不恃，功成而不居。」（第二章）人能功成身退，則合於天道，自然能夠保身安家，常享其樂，否則就可能大禍臨頭。

所謂「狡兔死，走狗烹；飛鳥盡，良弓藏。」就是這個道理。試看范蠡助句踐復國，張良助劉邦立漢，事成後就引身而退，終能安度餘年，而文種、韓信，貪戀利祿，終遭殺戮，不就是最好的證明嗎？

【說明】本章在說明自滿自傲的害處，要人謙虛退讓，效法天道，功成不居，以保長久安樂。《易經》六十四卦，有六十三卦六根爻並不全好，即使乾卦，上九爻還「亢龍有悔」。但只有謙卦，六爻無一不佳，這真是耐人尋味啊！

第十章

載營魄抱一，能無離乎？專氣致柔，能嬰兒乎？滌除玄覽，能無疵乎？愛國治民，能無知（ㄓˋ zhì）乎？天門開闔，能為雌乎？明白四達，能無為乎？生之畜之。生而不有，為而不恃，長而不宰，是謂玄德。

【譯意】心中緊守著道，能不離開嗎？聽任生理的本能，導致柔弱，能像嬰兒一樣嗎？摒除心智的作用，能夠沒有一點瑕疵嗎？愛護國家，治理人民，能夠不用智巧嗎？耳目口鼻等感官的一開一闔，能安靜謹慎嗎？心中雖然明達四方，能夠無所作為嗎？人們一切都應該效法道。道生長萬物，作育萬物，但生長萬物卻不據為己有，作育萬物卻不誇耀其能，長養萬物卻不主宰他們。這可稱為精微玄妙之德了。

【解析】「載營魄抱一，能無離乎。」「載」，抱守的意思。「營魄」，就是魂魄。「一」，在《老子》書中，是一個很特殊的名詞，指道。二十二章說：「是以聖人抱一為天下式。」三十九章說：「天得一以清，地得一以寧。」「一」指的都是道。

「專氣致柔，能嬰兒乎？」「氣」，指生理的本能。「專氣」，是說聽任生理的本能，而不加以控制。「柔」，柔弱的意思。老子非常重視柔弱，他認為柔弱是道的作用，柔弱能勝剛強，柔弱才能生，剛強反而會死。「嬰兒」，嬰兒具備純樸、無知、柔弱等特性，所以《老子》書中常常用來作比喻。如二十章：「我獨泊兮其未兆，如嬰兒之未孩。」二十八章：「常德不離，復歸於嬰兒。」五十五章：「含德之厚，比於赤子。」這裡用來比喻柔弱。

「滌除玄覽，能無疵乎。」「玄覽」，指心。因為心體玄妙，能覽知萬事，所以稱為「玄覽」。一切智慧、欲望，都從心上產生，而這些都是老子所反對的，所以老子主張洗清心體，使心體清明而毫無瑕疵。

「愛國治民，能無知乎。」「知」，與「智」同。老子反對用智慧治理國家。六十五章說：「故以智治國，國之賊；不以智治國，國之福。」

「天門開闔，能為雌乎。」「天門」，指耳目口鼻等感官。耳是聲的門，目是色的門，口是飲食言語的門，鼻是臭（氣味）的門，而這些都是天所賦予，所以稱為「天門」。

「雌」，喻安靜柔弱。「為雌」，王弼本原作「無雌」，意思很不通暢，《帛書老子》隸本作「為雌」，所以就依據《帛書老子》隸本改作「為雌」。

「長而不宰。」「宰」，動詞，主的意思。「不宰」，就是三十四章「不為主」的意思。

【說明】 本章在說明修身治世的道理。修身、治世，事雖不同，而理實相通。都要順其自然，以保全本性；謙下柔弱，以消除橫逆。如果胡作妄為，逞強爭勝，那就要身死國亡了。

第十一章

三十輻，共一轂（ㄍㄨ gū），當其無，有車之用。埏埴（ㄧㄢˊ ㄓˊ yán zhí）以為器，當其無，有器之用。鑿戶牖（ㄧㄡˇ yǒu）以為室，當其無，有室之用。故有之以為利，無之以為用。

【譯意】 世界上只知道「有」的用處，而不知道「無」的用處。事實上，「無」的用處比「有」要大得多。以車為例，車輪上的三十根輻，都匯集在車轂上，因為車轂空虛，承受了三十根車輻，車才能產生乘坐的作用。再以器具為例，揉合陶土，做成各種器具，因為器具中間空虛，才能產生盛物的作用。再以房屋為例，開鑿門窗，造成房屋，因為房屋中間空虛，才能產生居住的作用。由此可知，「有」（實體）之所以能夠給人便利，端賴「無」（空虛）發揮它的作用。

【解析】「三十輻，共一轂，當其無，有車之用。」「輻」，車輪中的直木，現在自行車上叫「鋼絲」。一月有三十天，古代車輻取法月數，所以用三十根。「轂」，車輪中心的圓木，四周安插車輻，中間空虛，以便放車軸。「其」指車轂。「無」，指轂中的空虛。因為轂中空虛，能安插車輻，放置車軸，車才能發生作用。所以說：「當其無，有車之用。」

「埏埴以為器。」「埏」，合的意思。「埴」就是黏土。「埏埴」，就是揉合黏土的意思。

「鑿戶牖以為室」。「戶牖」，指門窗。

「故有之以為利，無之以為用。」「有」指車、器、室，「無」指轂、器、室的中空的地方。兩個「之」字都是語中助詞，沒有意思。就形而上的「道」而言，「無」是體，「有」是用；就形而下的「器」而言，「無」是本，「有」是末。「有」所以能利人，皆有賴於「無」發揮作用。第五章說天地之間像一座風箱，萬物在其中生長不已，繁衍不絕，也是在強調「無」的重要。試問器皿中沒有空間，如何能盛物？車中沒有空間，如何能載人？屋中沒有空間，如何能住人？引申而言，天地之間沒有空間，如何能生長萬物？一般人只知道「有」的利益，不知道「無」的作用，所以老子特發明這個道理，以使人領悟無形的大道的作用。

【說明】本章用三個具體的例子，說明「無」的妙用。而有形的天地萬物，都是從無形的道創生而出。由此可知道雖無形無象，而其作用則奧妙無窮。而正因為道體虛無，才能有無窮妙用，若為實有，即使有用，也就非常有限了。

第十二章

五色令人目盲；五音令人耳聾；五味令人口爽。馳騁畋獵，令人心發狂；難得之貨，令人行妨。是以聖人為腹不為目，故去彼取此。

【譯意】人的需要有限，而人的欲望則無窮。但過分追求欲望而不能節制，其結果不僅不能感到滿足、舒適，並且適得其反，還要感到痛苦，甚至喪失自我。過分地追求色彩的享受，最後必定弄得視覺遲鈍，視而不見；過分地追求聲音的享受，最後必定弄得聽覺不靈，聽而不聞；過分地追求味道的享受，最後必定弄得味覺喪失，食而不知其味。過分地縱情於騎馬打獵、追逐鳥獸，最後必定弄得心神不寧，魂不守舍；過分地追求金銀珍寶，最後必定弄得行傷德壞、身敗名裂。所以體道的聖人，生活簡單，只求填飽肚子，不求官能享受。寧取質樸寧靜，不求奢侈浮華。

【解析】「五色令人目盲。」「五色」，紅、黃、藍、白、黑，引申指多種顏色。「目盲」，視覺遲鈍、視而不見的意思。因為過分追求視覺的享受，必至於眼花撩亂，不能辨別色彩的美醜，如此，豈不是和盲人一樣。例如進了布店，看見色彩繽紛的布料，取捨之間，往往難下決定，就是明證。

「五音令人耳聾。」「五音」，宮、商、角、徵、羽，引申指多種音聲。「耳聾」，聽覺遲鈍、聽而不聞的意思。因為過分追求聽覺的享受，必至於聽覺麻木，不能辨別音聲的美醜，如此，豈不是和聾子一樣。據報載，美國一些從事搖滾樂的人，對聲音的辨別能力很差，就是一大明證。

「五味令人口爽。」「五味」，酸、甜、苦、辣、鹹，引申指多種美味。「爽」，亡失的意思。「口爽」，就是味覺遲鈍，食而不知其味。因為過分追求味覺的享受，必至於味覺喪失，不能辨別食物的美醜。例如晉人何曾日食萬錢，還要說沒有下筷子的地方，就是一個明證。

「馳騁畋獵，令人心發狂。」「馳騁」，騎馬的意思。「畋獵」，「畋」也是「獵」，都是打獵的意思。馳騁的目的就是畋獵，所以二者實在是一件事。古人以馳騁畋獵取樂，這裡用來代替極樂的事。「心發狂」，就是心不守舍。過分縱情享樂，必至於使人吃睡難行為頹墮敗傷。

安，魂不守舍。

「難得之貨，令人行妨。」「難得之貨」，指金銀珍寶。「妨」，傷害的意思。「行妨」，行為頹墮敗傷。

「是以聖人為腹不為目，故去彼取此。」「目」，包括耳、口、心、行四者。「為腹」，指滿足身體的需要，「為目」，指滿足心裡的欲望。身體的需要簡單，所謂「鷦鷯巢林，不過一枝；偃鼠飲河，不過滿腹。」（《莊子．逍遙遊》）不過飽食暖衣而已；心裡的欲望無度，所謂「欲深谿壑」，永遠難以滿足。所以「為腹」是以物養己；「為目」就是以物役己了。「彼」指「為目」，「此」指「為腹」。人貪欲一起，則永難滿足，必至於以身相殉。所以老子主張為腹、去目。去目才能去知去欲，為腹方能返樸歸真。

【說明】本章在說明欲海難填，不能去欲，必遭滅頂，也是在說明物質文明為害之大。物質文明的發達，在我們認為是進化，在老子看來卻是退化。今天我們的物質生活比起二十年以前，不知道進步了多少倍，但人心卻毫不滿足，竊盜事件日漸增多，犯罪手法日漸升高，凶殺打鬥日甚一日。由此看來，老子的話的確有道理。

第十三章

寵辱若驚，貴大患若身。何謂寵辱若驚？寵為上，辱為下，得之若驚，失之若驚，是謂寵辱若驚。何謂貴大患若身？吾所以有大患者，為吾有身，及吾無身，吾有何患？故貴以身為天下，若可寄天下；愛以身為天下，若可託天下。

【譯意】　世人得失名利的心太重，所以得到榮寵和受到屈辱都身驚，畏懼大的禍患也因而身驚。為什麼得到榮寵和受到屈辱都身驚呢？因為在世人的心目中，榮寵是高上的，屈辱是低下的，得到榮寵就覺得高貴，受到屈辱就覺得丟人，所以得到也驚，失去也驚。為什麼畏懼大的禍患也身驚呢？我們所以有大的禍患，那是因為我們常想到自己的關係，假如我們能忘了自己，我們還有什麼禍患呢？所以，一個人願意犧牲自己為天下人服務，就可以把天下交給他；喜歡犧牲自己為天下人服務，就可把天下託給他。

【解析】「寵辱若驚，貴大患若身。」這兩句是古語，老子引來加以剖析說明，並非老子自己的話。「寵」，光榮、尊寵的意思。「辱」是「寵」的相對詞，羞辱、卑屈的意思。「若」，講作「乃」，相當於口語的「就」，全章九個「若」字意思相同。「貴」，畏懼的意思。「若身」，則身驚。這兩句的意思是說世人得寵和受辱則身驚，畏懼災禍也身驚。

「寵為上，辱為下。」王弼本原只作「寵為下」一句，義極難通，今根據其他的本子改作「寵為上，辱為下。」意思是說世人都認為榮寵是好的，羞辱是壞的，所以才「寵辱若驚」。「上」、「下」就是尊卑、好壞的意思。

「吾所以有大患者，為吾有身，及吾無身，吾有何患。」「有身」，有我的意思。「及」，假設詞，如、若的意思。一切寵辱禍福，都是因為「有我」而起，若能「無我」、「忘我」，就可以破一切相了。孔子「毋我」，也正是這個意思。我們看革命先烈，慷慨赴難，從容就義，前仆後繼，毫不反顧，就是這種「無我」精神的表現。

「故貴以身為天下，若可寄天下；愛以身為天下，若可託天下。」「若」和「寵辱若驚」的「若」意思相同。「寄天下」就是下文的「託天下」，「寄」和「託」意思相同。人能為天下國家犧牲自己，才能把天下交給他，反之，如果處處自私、事事自利，這種人怎麼能擔負天下國家的任務，又如何能把天下國家託給他呢？

【說明】本章是教人無私、忘我。若能置生死於度外，則一切寵辱禍福，都不足以動搖其心志了，那還何「驚」之有？全章可分四段。開頭兩句為第一段，是老子所引古人的話。自「何謂寵辱若驚」至「是謂寵辱若驚」為第二段，是解釋「寵辱若驚」的。自「何謂貴大患若身」至「吾有何患」為第三段，是解釋「貴大患若身」的。自「故貴」以下為第四段，是老子為上文所作的結語。

第十四章

視之不見名曰夷，聽之不聞名曰希，摶（ㄊㄨㄢˊ tuán）之不得名曰微。此三者不可致詰，故混而為一。其上不皦（ㄐㄧㄠˇ jiǎo），其下不昧，繩繩不可名，復歸於無物。是謂無狀之狀，無物之象，是謂惚恍。迎之不見其首，隨之不見其後。執古之道，以御今之有。能知古始，是謂道紀。

【譯意】「道」是沒有顏色、沒有聲音、沒有形體的。沒有顏色，所以看不見；沒有聲音，所以聽不到；沒有形體，所以摸不著。看不見叫做「夷」，聽不到叫做「希」，摸不著叫做「微」。因為道無色、無聲、無形，所以它是無法窮究的，而它是混沌一體的。它既不光亮、也不昏暗，它能緜緜不絕地創生萬物，作用奇妙得不可名狀，但它自己最後還是沒有形體。這就叫做沒有形狀的形狀，沒有物象的物象。這叫做恍恍惚惚的狀態。想迎著它，看不到它的頭；想跟著它，又看不見它的尾。能夠把握這亙古以來就存在的道，就可以控御現在的一切事物。能夠知道原始的情形，這就可算是了解道的規律了。

【解析】「視之不見名曰夷，聽之不聞名曰希，摶之不得名曰微。」「摶」，用手團摸的意思。很多書錯成「搏」字，「搏」是打擊的意思。宋初有一個人叫陳摶，字希夷，就是取用本章的三個字。「夷」、「希」、「微」三個字都是形容道體的虛無。道不是形而下的「器」，它既無色，又無聲，更無形，所以視之不見，聽之不聞，摶之不得。總而言之，它是一切感官所不能把捉的，只有靠心靈去體悟。

「此三者不可致詰，故混而為一。」「三者」指夷、希、微。「詰」，詰問、追究的意思。第一章說：「道可道，非常道。」「道」既不可道，所以「不可致詰」，體道的方法，完全在心領神悟。「混而為一」，是說夷、希、微三者混而為一。

「其上不皦，其下不昧，繩繩不可名，復歸於無物。」「上、下」合指道的全部。「皦」，光明的意思。「昧」，昏暗的意思。道若光明，則在昏暗中可以看到；道如昏暗，則在光明下可以看到。但道是無形的，所以說它既「不皦」也「不昧」。「繩繩」，不絕的意思。「名」，動詞，形容的意思。「無物」，不是說一無所有，是說不具任何形象而實際存在罷了。

「是謂無狀之狀，無物之象，是謂惚恍。」道體隱微而難以知道，要說它沒有，萬物卻由之而生；要說它有，又看不到它的形體。所以只好說它是「無狀之狀，無物之象。」「惚恍」，就是「恍惚」，顛倒來說，是為了叶韻。「惚恍」是若有若無，不可辨認的意思。道非有非無，亦實亦虛，所以稱為「惚恍」。

「迎之不見其首，隨之不見其後。」兩句是說道是超時空而存在的。就時間而言，它在天地之先就已產生，也不知何時才能消滅，實際上它是不生不滅、無始無終的。就空間而言，它是無處不在、無頭無尾的。

「執古之道，以御今之有。能知古始，是謂道紀。」「執」，把握的意思。「古之道」，是說自古以來就存在的道。「御」，控御的意思。「有」指一切具體事物。把握道體，就能控制萬有，這就是所謂的執本御末，執簡御繁。「古始」，就是上文的「古之道」。「道紀」，道的綱紀、道的規律。世間萬事萬物的變化，無不有其規律，所謂萬變不離其宗。若能執本知要，則可以不變而應萬變了。

【說明】本章在說明道體的狀態。道體雖不可見、不可聞、不可摶，卻實際存在，並且是超越時空而存在。這種情形雖不可思議，然而道確為萬事萬物的根源。人如能把握這個道，便掌握了萬事萬物的根源，再拿它來控御萬事萬物，就可收到「以簡御繁」的妙用。

第十五章

古之善為道者，微妙玄通，深不可識。夫唯不可識，故強（ㄑㄧㄤˇ qiǎng）為之容。豫兮若冬涉川，猶兮若畏四鄰，儼兮其若客，渙兮若冰之將釋，敦兮其若樸，曠兮其若谷，混兮其若濁。孰能濁以靜之徐清，孰能安以久動之徐生。保此道者不欲盈。夫唯不盈，故能蔽而不成。

【譯意】 古時候得道的人，幽微、精妙、玄奧、通達，深遠到使人無法認識。正因為人們無法認識，所以要勉強地把他描述一下。他立身行事，猶豫畏縮，不敢妄進，就好像冬天涉過大河一樣；他謹慎戒懼，不敢亂作，就好像怕四鄰窺伺一樣。他為人處世，莊重拘謹，就好像做客人一樣。他修道養德，除情去欲，就好像冰塊溶化一樣。他的本質敦厚樸實，就好像沒有經過雕琢的素材一樣。他的胸襟寬廣、態度謙下，就好像幽深的山谷一樣。他的表現渾沌愚昧，不露鋒芒，就好像混濁的水一樣。可是什麼人能在混濁動盪中，安靜下來而慢慢地清明？什麼人能在長久安定虛靜中，生動起來而慢慢地活潑？能夠把握這個道理的人，他是不肯自滿的。正因他不肯自滿，所以能夠隱蔽退藏，而不表現任何形象讓人認識。

【解析】「古之善為道者，微妙玄通，深不可識。」「善為道者」，就是有道之士。「道」，王弼本原作「士」，涉六十八章「古之善為士者」而誤。《帛書老子》篆本和隸本皆作「道」，今據《帛書老子》改作「道」。「微妙」是形容有道之士體道之深。「玄通」是形容有道之士用道之妙。

「強為之容。」「強」，勉強的意思。「容」，形容描述的意思。道不可說，有道之士微妙玄通，和道一樣難以說明，但又不能不說，所以只好勉強來形容一番。

「豫兮若冬涉川，猶兮若畏四鄰。」「豫兮」，遲疑的樣子，引申有謹慎戒懼的意思。「兮」，王弼本原作「焉」，下文各句都作「兮」，這句也應該作「兮」才對，現在依據河上公本改作「兮」。「冬涉川」，涉水要小心，冬天涉水更要小心，這裡比喻極端的戒慎恐懼。「猶兮」，和上文「豫兮」的意思相同。「畏四鄰」，四鄰「十目所視，十手所指」，所以可畏。這兩句是形容有道之士猶豫畏縮，不敢妄進、不敢妄為。

「儼兮其若客，渙兮若冰之將釋。」「儼兮」和「儼然」同，莊重的樣子。「若客」，像客人端莊拘謹。「客」，王弼本原作「容」，和上文不叶韻，當是「客」字的錯誤，《帛書老子》篆本和隸本都作「客」，現在據《帛書老子》改作「客」。「渙兮」，溶解的樣子。「冰之將釋」，喻情欲日損，至於空虛。

「敦兮其若樸，曠兮其若谷，混兮其若濁。」「敦兮」，誠厚的樣子。「樸」，沒有雕琢過的素木。「曠兮」，空曠的樣子。「谷」指山谷。「混兮」，混沌的樣子。「濁」，名詞，指濁水。「若樸」是形容有道之士的質實純樸，「若谷」是形容有道之士的謙虛退讓，「若濁」是形容有道之士的渾噩愚昧。

「孰能濁以靜之徐清，孰能安以久動之徐生。」「孰」，誰的意思。上下兩句「以」字都解作「而」。上句「濁」、下句「安」都是形容詞。「濁」是渾濁的意思，「安」是安靜的意思。上句「靜」、下句「動」都是動詞。兩句的意思是說，誰能在渾濁的情形下，而使之安靜並慢慢地清明，誰能在長久的安靜情況下，而使之活動並慢慢地生動活潑。「濁」和「安」是修道者的外在表現，但內心不能這樣，如果內心這樣，那就毫無生意而成一汪死水了。內心一定要保持「虛靈不昧」，生動活潑，才像源頭活水而生趣盎然。所以外表「濁」，內心要「靜之徐清」，外表「安」，內心要「動之徐生」才是。

「保此道者不欲盈。夫唯不盈，故能蔽而不成。」「此道」，指「靜之徐清」、「動之徐生」的道。「盈」，滿的意思。「不欲盈」就是不求自滿。「蔽」，隱蔽的意思。「不成」，就是「不成器」，也就是四十一章「大器晚成」的「晚成」（「晚成」就是無成、不成的意思）。正因為「不成」，所以「深不可識」。所以「不成」一詞，和前文「微妙玄通，深不可識」遙相呼應。文字首尾一體，思想脈絡連貫。「蔽而不成」，王弼本原作「蔽不新成」，後人多改作「蔽而新成」，意思都不很通暢。《帛書老子》隸本作「蔽而不成」，意思才豁然顯露。現在依據《帛書老子》隸本改正。

【說明】本章旨在說明有道之士的修養、表現，而特別著重「不盈」二字。只有不盈，才能「蔽而不成」，才能「微妙玄通，深不可識」。而人所以要「不盈」，那是取法於道體的虛無。

第十六章

致虛極，守靜篤。萬物並作，吾以觀復。夫物芸芸，各復歸其根。歸根曰靜，是謂復命。復命曰常，知常曰明。不知常，妄作凶。知常容，容乃公，公乃全，全乃天，天乃道，道乃久。沒身不殆。

【譯意】人的心靈本來是虛明寧靜的，但往往為私欲所蒙蔽，因而觀物不得其正，行事則失其常。所以我們要盡力的使它回復到虛明寧靜的狀態。這樣，萬物的生長、活動，我們就能看出他們由無到有，再由有返回到無，循環反覆的情形。萬物雖然繁雜眾多，但是最後總要回復到他們的根源。他們的根源是靜，靜就是他們的本性，所以回復到根源就復歸本性。這種復歸本性是自然的常道。知道這種自然的常道可以稱為明智，如果不知道這種常道而輕舉妄動，那就要產生禍害了。知道這種常道的人就能無事不通無所不包，無事不通無所不包才能廓然大公，廓然大公才能做到無不周遍，無不周遍才能德配天地，德配天地才能體合大道，體合大道才能永垂不朽。這樣，終身也不會有任何危險了。

【解析】「致虛極，守靜篤。」「致虛」，是說消除心智的作用，以使心空虛無知。「守靜」，是說去除欲念的煩惱，以使心安寧沉靜。「極」和「篤」都是極端、頂點的意思。道體虛無寂靜，人心也和道體一樣，虛明寧靜。但往往為私欲所蒙蔽，所以必須加以修養，使心回復其原有的虛靜狀況。

「萬物並作，吾以觀復。」「作」，指萬物的生長活動。「復」，返的意思，指萬物復歸於本根。虛是有的本，靜是動的根。所以有必生於虛，最後必返回到虛；動必起於靜，最後必返回到靜，這就是所謂的「復」，也就是宇宙萬物活動的共同規則。「致虛極，守靜篤」，才能看清這個法則。

「夫物芸芸，各復歸其根。」「芸芸」，眾多的樣子。「根」指「虛」、「靜」，也就是指道。「歸其根」，由有復歸於虛，由動復歸於靜，也就是復歸於道。

「歸根曰靜，是謂復命，復命曰常。」道體虛靜，萬物返歸於道，即是返歸於靜，所以說「歸根曰靜。」「命」就是性，「復命」就是復歸本性。「常」，名詞，指自然的法規，也就是萬物共同遵守的法則。這個法則就是由無而有，再由有復歸於無。四十章說：「反者道之動。」這種循環反覆的作用，就是大道運行的常軌。

「知常曰明，不知常，妄作凶。」老子極端重視「明」而反對「智」，重視「明」的文字除本章外，另外如二十二章：「不自見故明。」三十六章：「是謂微明。」五十二章：「見小曰明。」、「復歸其明。」五十五章：「知常曰明。」反對「智」的例子，如十八章：「智慧出，有大偽。」十九章：「絕聖棄智。」六十五章：「故以智治國，國之賊；不以智治國，國之福。」「智」和「明」的分別很小，「智」是外射的，「明」是內照的。也就是說「智」是觀人的，「明」是省己的。有人把「智」比作蠟燭，把「明」比作鏡子，真可以說是絕妙的比喻。

「知常容，容乃公。」「容」，包容的意思。「公」，公平的意思。兩句的意思是說，知道宇宙萬物共同遵守的法則，才能心胸開闊，無不包容；無不包容，才能廓然大公。

「公乃全，全乃天。」「全」，周遍的意思。王弼本原作「王」，注說：「無所不周遍。」由注文可知「王」為「全」的缺壞。「天」，就是道。兩句的意思是說：「廓然大公才能無不周遍，無不周遍才能合於天道。」

「天乃道，道乃久。沒身不殆。」「沒身」，終身的意思。「殆」，危險的意思。兩句的意思是說，合於天道才能合於自然之道，合於自然之道才能長存不朽。如此，終身也不至於有危險了。

【說明】本章在敘述「致虛」和「守靜」的效果，能明察事理，能洞知萬物變化的常規。能識得這個常規，就能深得自然的妙趣，而與道同體。

第十七章

太上，下知有之；其次，親而譽之；其次，畏之；其次，侮之。信不足焉，有不信焉。悠兮其貴言。功成、事遂，百姓皆謂：「我自然！」

【譯意】國君治理國政，可以分成四個等級。最上等的國君，用無為的方式處事，推行不言的教化，使人民都能各順其性、各安其生，所以人民僅僅知道有一個國君罷了，沒有感覺到他做了些什麼。次一等的國君，用德教感化人民，用仁義治理人民，所以人人都親近他、讚譽他。再次一等的國君，用政教治理人民，用刑法威嚇人民，所以人民都畏懼他。最末一等的國君，用權術愚弄人民，用詭計欺騙人民，所以人民都反抗他。這種國君本身就不夠誠信，人民當然不相信他。最上等的國君卻是每天悠悠閒閒的，也不發號施令，但是人民卻能夠各順其性、各安其生，得到最大的益處。等到這個大功完成了，這個大事辦好了，而人民卻不曉得這是國君的功勞，反而說：「這是我們自然如此的啊！」」

【解析】「太上，下知有之；其次，親而譽之。」「太上」，至上、最上的意思，指最好的國君，也就是得道的聖人。「之」，指「太上」。「其次」，指次於「太上」的國君。聖人在位，無為不言，人民都能順性發展，而僅僅知道有個國君存在。次一等國君導民以德，齊民以禮，人民感戴他，所以親近他、讚譽他。

「其次，畏之；其次，侮之。」「畏」是畏懼的意思。這一類國君用刑政來齊民，用嚴法來治民，所以人民都怕他。「侮」是侮辱、侮蔑的意思。最下等的國君用權術愚弄人民，用詭計欺騙人民，所以人民不聽從他而發生反抗行為，也就是侮辱他了。

「信不足焉，有不信焉。」「信」，誠信的意思。是說這種國君（指其次侮之）本身不夠誠信，所以人民也不信賴他，可以說是自取其辱。

「悠兮其貴言。」「悠兮」，悠閒的樣子。「貴言」，就是第二章「行不言之教」的「不言」，是說不發號施令。這句是指「太上」的國君而言。

「功成、事遂，百姓皆謂：『我自然！』」「功」和「事」都是指太上的國君所做的結果。太上無為而治，所謂無為，並非一無作為。如果一無作為，哪來的「功」和「事」。只是順著自然而作為，所以雖然有了「功」和「事」，百姓們還不知道，還都說：「我們自然如此的啊！」「自然」是說自然如此。

【說明】本章在說明「無為而治」的好處。老子把治政的人分成四等，用人民的反應來顯示他們政治的優劣。指出人們所以「畏之」、「侮之」，是由於治政者的誠信不足。誠信不足，當然只好藉助於嚴刑峻法。但殊不知法令越嚴，人民就越不遵守，刑罰越重，人民就越加反抗。哪裡及得上無為而治，功成事遂，老百姓還渾然不覺，說是自然如此的哩！

第十八章

大道廢，有仁義；智慧出，有大偽。六親不和，有孝慈；國家昏亂，有忠臣。

【譯意】大道普行的時候，家家有孝子，戶戶有忠信，根本用不到仁義，等到大道廢棄民風不淳了，仁義才隨之而產生。上古的時候，人民誠實質樸，不識不知，根本沒有虛偽。到了中古的時候，民情日鑿，民事日繁，於是治天下的人就用他的智慧創造了制度法令來治理人民，殊不知道智慧一出，虛偽詭詐也隨之而產生了。家族中人都能推誠相與、和睦相處，用不著孝和慈，等到六親失了和，不能推誠相與、和睦相處，孝慈才因而產生。國家清明的時候，臣子們各司其守，各盡其職，沒有所謂的忠臣，等到國家昏亂以後，臣子們不能負責盡職，忠臣才隨之而產生。

【解析】「大道廢，有仁義。」在老子的思想中，道德的層次要比仁義為高。三十八章說：「失道而後德，失德而後仁，失仁而後義。」就是證明。大道與仁義的差別，在於大道以自然為宗，以無為為用，而仁義講求造作，崇尚有為。老子思想以自然無為為本，等到不能自然無為，造作有為於是相繼而產生。所以說：「大道廢，有仁義。」

「智慧出，有大偽。」「智慧」，指治天下者的機智巧詐。也就是指他們所創設的禮樂、權衡、斗斛、法令等制度。這些制度產生以後，人民反因之而作奸作偽。所以說：「智慧出，有大偽。」「智慧」，王弼本原作「慧智」，可是他的注文說：「故智慧出，則大偽生。」由此看來，王弼本原來也是作「智慧」的，被後人弄顛倒了。《帛書老子》篆本、隸本都作「智慧」，現在就根據它改正。

「六親不和有孝慈，國家昏亂有忠臣。」「六親」，指父子、兄弟、夫婦。當六親和睦，國家治平的時候，孝慈和忠臣雖然存在，但卻看不出來，等到六親失和、國家昏亂了，孝慈和忠臣就特別顯著了。譬如舜的父親瞽叟非常頑劣，舜的弟弟非常壞，於是舜的孝順就突出了。同樣的，因為桀和紂的暴虐，然後才產生關龍逄（ㄆㄤˊ páng）和比干等大忠臣。反之，如果舜的父親不頑劣，弟弟不壞，就沒有大舜這個孝子；桀和紂不暴虐，就沒有關龍逄、比干等忠臣了。

【說明】仁義、智慧、孝慈、忠臣，在一般人看來，都是非常好的名稱和行為，可是在老子看來，這些都是在大道廢棄、純樸破滅以後才產生的。它們的產生，正說明了道德的破產，人心的墮落，這是社會的退步，而不是進步。魚在江湖之中，互相遺忘，及至到了陸地，沒有水了，只好吐沫相濡。相濡是美德，但這種美德是在失去江湖以後才產生的，多麼可憐啊！

第十九章

絕聖棄智，民利百倍；絕仁棄義，民復孝慈；絕巧棄利，盜賊無有。此三者，以為文不足，故令有所屬。見（ㄒㄧㄢˋ xiàn）素抱樸，少私寡欲。

【譯意】睿聖和智慧是創作一切制度和法令的根源，制度法令有了，虛偽詭詐隨之而產生，所以棄絕睿聖和智慧，人民反而能夠得到百倍的利益。仁德和義理束縛人的天性，棄絕了仁德和義理，人民反而能夠恢復孝慈的天性。機巧和貨利，能使人產生竊盜之心，棄絕了機巧和貨利，盜賊自然就絕跡了。聖智、仁義、巧利，這三者都是文采罷了，是不足以治理天下的。所以，要使人民另外有所遵循：那便是外在表現純真，內在保持質樸，減少私心，降低欲望。

【解析】「絕聖棄智，民利百倍。」「聖」和「智」都是名詞，意思也相近。「聖」是才智的意思，和「聖人」的「聖」不同，老子反對「聖」，卻極端重視「聖人」。一切禮樂刑政，都由聖智所創作，棄絕聖智，則以無為為治，而民自化，所以說「民利百倍」。

「絕仁棄義，民復孝慈。」老子認為仁義是大道廢棄以後的產品，是人造作出來的，並不是出於人的天性。而孝慈本是人的天性，但仁義產生後，責成人孝慈，人為了要獲得孝慈的聲名，矯揉造作，結果反而戕害了孝慈的本性。所以絕去仁和義，然後人才能恢復孝慈的本性。

「絕巧棄利，盜賊無有。」「巧」指機巧，「利」指財貨。如果內心產生機巧，外在再有財貨的引誘，那麼人一定會淪為盜賊。所以必須棄絕內在的「巧」和外在的「利」，然後才能使盜賊絕跡。

「此三者以為文不足。」「三者」指聖智、仁義、巧利。「文」，對下文「素」、「樸」而言。聖智、仁義、巧利是人為的文（人文），並非出於「自然」（道），所以不足以治天下。

「見素抱樸，少私寡欲。」「見」和「現」同，表現的意思。「素」是沒有染色的絲，「樸」是沒有雕琢的木，引申為純真的意思。兩句的意思是說：順應自然，少表現個人的私心欲望。

【說明】 本章旨在崇尚樸素——自然，反對文采——人文。聖智、仁義、巧利，都是人文，不僅不能為人類帶來利益，反而會產生災害。棄絕人文，返回自然，同於大道，人民渾渾沌沌，那麼一切的虛偽、爭奪就自然消失。而這才是老子的理想社會。

第二十章

絕學無憂。唯之與阿，相去幾何？善之與惡，相去若何？人之所畏，不可不畏。荒兮其未央哉！眾人熙熙（ㄒㄧ xī），如享太牢，如春登臺。我獨泊兮其未兆，如嬰兒之未孩，儽儽兮若無所歸。眾人皆有餘，而我獨若遺。我愚人之心也哉，沌沌兮！俗人昭昭，我獨昏昏；俗人察察，我獨悶悶。澹兮其若海，飂（ㄌㄧㄠˊ liáo）兮若無止。眾人皆有以，而我獨頑以鄙。我獨異於人，而貴食母。

【譯意】學問知識是憂愁煩惱的根源，棄絕一切學問知識，就不會有憂愁煩惱。世人都趨榮而避辱，取善而去惡，但榮和辱究竟相差多少？善和惡到底又相差多少？不過我也不能特立獨行，顯露鋒芒。大家畏懼的，我也不能不畏懼，我要和光同塵，與世推移。但是大道是那樣地廣大而沒有窮盡，和世俗相差太遠了。眾人是那樣地高興，好像享受豐盛的酒席，又好像春天登高眺遠，唯有我淡泊恬靜，心裡沒有一點情欲，好像還不會笑的嬰兒。又是那樣的懶散，好像無家可歸似的。眾人自滿自得，好像什麼都有多餘，唯有我好像都匱乏不足。我具有愚蠢人的一顆心，是那樣地渾沌。世人都清清楚楚，只有我糊糊塗塗；世人都明明白白，只有我渾渾噩噩。我恬澹寧靜，好像大海一樣，無所拘限；我隨波逐流，好像大風一樣，沒有歸宿。眾人都有能力，只有我愚蠢而又鄙陋。世人都競逐浮華，只有我與眾不同，抱守住人生的根本——生養萬物的大道。

【解析】「絕學無憂。」「學」，名詞，指學問知識。老子是反對學的，四十八章說：「為學日益，為道日損。」六十四章說：「學不學。」為學能日增欲望、智巧，而這些正是憂愁煩惱的根源。嬰兒沒有什麼知識，沒有欲望，卻是快快樂樂的；但長大了，知識增加了，欲望增大了，憂愁煩惱也就多了。所以老子主張絕學；絕學，就沒有憂愁煩惱了。

「唯之與阿，相去幾何？善之與惡，相去若何？」「唯」和「阿」都是應聲。「唯」是恭敬的應聲，「阿」是輕侮的應聲，兩個字引申有榮辱的意思。世人所謂的榮和辱、善和惡，都是主觀的，而不是客觀的；都是相對的，而不是絕對的。這種主觀的、相對的價值判斷，往往因時因地而異。甲地認為榮的，乙地可能認為辱；前代認為善的，後代可能認為惡。如此說來，榮和辱、善和惡之間究竟有什麼差別呢？所以說：「相去幾何」、「相去若何」。

「荒兮其未央哉。」「荒兮」是廣大的樣子，「未央」是無盡的意思，這句是老子自嘆和世俗相去太遠。

「眾人熙熙，如享太牢，如春登臺。我獨泊兮其未兆，如嬰兒之未孩。」「熙熙」是和樂的樣子。「太牢」指牛、羊、豬三牲。「春登臺」，比喻迷於美進，惑於榮利。「泊兮」，淡泊的樣子。「兆」是朕兆、跡象的意思。「未兆」是說心胸純樸、無情無欲。「孩」與「咳」同，嬰兒的笑。「嬰兒之未孩」，是說心胸廓然，好像還不會笑的嬰兒一樣。

「儽儽兮若無所歸。眾人皆有餘，而我獨若遺。」「儽儽兮」，疲倦的樣子，一說懶散的樣子。「無所歸」是說沒有目的，「歸」是歸宿，引申有目標的意思。「有餘」，引申有自滿的意思。「遺」借作「匱」，不足的意思，引申有謙下的意思。

「我愚人之心也哉，沌沌兮。」「愚人之心」，是說心胸無知無欲，一片渾沌。這正是修養的最高境界。「沌沌兮」，無知的樣子。

「俗人昭昭，我獨昏昏；俗人察察，我獨悶悶。」「昭昭」、「察察」，都是清明的樣子；「昏昏」、「悶悶」，都是昏暗的樣子。

「澹兮其若海，飂兮若無止。」「澹兮」，恬靜的樣子。「其若海」，是說如海的廣大無邊，而無所拘限。「飂兮」，是形容風飛揚的樣子。「若無止」，是說像風一樣沒有固定目標。

「眾人皆有以，而我獨頑以鄙。」「以」，能的意思，「有以」就是有能力。「頑」，愚鈍的意思。「鄙」，鄙陋的意思。「頑以鄙」，就是愚蠢而又鄙陋。「以」字王弼本原作「似」，意思不很通暢。「似」當是「以」字的錯誤，《帛書老子》篆本和隸本都作「以」，可以證明。現在依據《帛書老子》改作「以」。「以」，又的意思。

「我獨異於人，而貴食母。」「食」，養育的意思。「母」指道。道能生養萬物，所以稱為「食母」。眾人都追求榮顯，表現聰明，而老子獨自抱守大道，保持樸素，所以說是「異於人」。

【說明】 本章旨在說明老子與世人不同之處。世人都表現聰明有能，而老子卻表現愚蠢鄙陋。殊不知老子的愚蠢，正是他聰明的地方，而眾人的聰明，正是他們的糊塗處。只是一般人思想淺薄，眼光短近，僅能看到表面，而看不到深處，於是就把「愚公」當做愚人，而把「河曲智叟」當做智者了。

第二十一章

孔德之容，惟道是從。道之為物，惟恍惟惚。惚兮恍兮，其中有象；恍兮惚兮，其中有物。窈兮冥兮，其中有精。其精甚真，其中有信。自古及今，其名不去，以閱眾甫。吾何以知眾甫之狀哉？以此。

【譯意】有德之人的一行一動，都以道為準則。道這樣東西，說它是無又似乎有，說它是實又似乎虛，它是恍恍惚惚的。可是在恍惚之中，它又具備了宇宙形象，在恍惚之中，它又涵蓋了天地萬物。它是那麼深遠而昏暗，可是其中卻具有一切生命物質的原理和原質。這原理和原質是非常真實的，其中有非常信驗真實的東西。從古到今，道一直存在，並且也一直在從事創造萬物的活動。我怎麼能曉得萬物本源的情況呢？就是靠著這個道。

【解析】「孔德之容，惟道是從。」「孔」，大的意思。「孔德」就是有大德的人。「容」，表現的意思。「惟道是從」，就是「惟從道」，是說大德之人的一切表現，惟服從於道。

「道之為物，惟恍惟惚。」兩個「惟」字都是語詞，沒有意思。「惟恍惟惚」，就是恍恍惚惚。「恍惚」是若有若無，不可辨認的意思。道非有非無，亦虛亦實，所以說：「惟恍惟惚」。

「惚兮恍兮，其中有象；恍兮惚兮，其中有物。」「惚恍」就是「恍惚」，顛倒是為了叶韻。「象」，形象的意思。「物」指天地萬物。道雖恍惚無形，但天地萬物都由其中產生，所以說「其中有象」、「其中有物」。

「窈兮冥兮，其中有精。其精甚真，甚中有信。」「窈冥」，深遠昏暗的意思。「精」，本是動物的精子，這裡用來比喻最細微的東西，指一切生命物質的原理和原質。「信」，名詞。信驗、真實的意思。

「自古及今，其名不去，以閱眾甫。」萬物有名而道不可名，由此說來，「無名」就是它的名了。所以說：「自古及今，其名不去。」「閱」，閱歷，引申有創生的意思。「甫」，始的意思，「眾甫」就是萬物之始。萬物各有其根源，而道是一切根源的根源，所以說：「以閱眾甫」。

「吾何以知眾甫之狀哉？以此。」「此」，指道。道是一切根源的根源，把握住道，就能知道萬物的情狀。十四章說：「執古之道，以御今之有。」就是這個意思。

【說明】本章旨在對道作一番說明。道是很難用言語說明的，一落言詮，就不是整個的道了，所以本書的開宗明義便說：「道可道，非常道。」本章說：「其中有象」、「其中有物」，我們可千萬不能執著，說道之中真有什麼東西。因為十四章不是還說：「復歸於無物」、「是謂無狀之狀，無物之象」嗎？說其中有「物」、「象」，只是因為萬物是從其中創生的罷了。

第二十二章

曲則全，枉則直，窪則盈，敝則新，少則得，多則惑。是以聖人抱一為天下式。不自見（ㄒㄧㄢˋ xiàn），故明；不自是，故彰；不自伐，故有功；不自矜，故長。夫唯不爭，故天下莫能與之爭。古之所謂曲則全者，豈虛言哉？誠全而歸之。

【譯意】一切事物，不能只看表面，還要看裡面；不能只看正面，還要看反面。所以，委屈的反而可以保全，彎曲的反而可以伸直，低下的反而可以盈滿，破舊的反而能夠更新，少取的反而可以得到，多取的反而弄得迷惑。聖人明瞭這個道理，所以緊緊抱持著「一」，作為天下的模範，不自我表現，所以能夠顯明；不自以為是，所以能夠昭著；不自我誇耀，所以才有功勞；不自大自滿，所以才能長久。古時候所說的「委曲的反而能夠保全」這段話，難道是假的嗎？實在應該保守著它而以它為歸趨啊！

【解析】「曲則全，枉則直，窪則盈，敝則新。」「曲」，委屈的意思。強風來了，小草順風偃倒，結果安然無恙；大浪來了，船隻隨浪浮沉，結果毫無損傷，這就是「曲則全」的例證。「枉」，彎曲的意思。尺蠖先彎曲，然後才能伸直；人必先彎腿，然後才能躍起，這是「枉則直」的例證。「窪」，低窪的意思。江海卑下，百川匯歸，人如謙下，眾人擁戴，這是「窪則盈」的例證。「敝」，破敗的意思。枯葉落盡，新葉不久產生；殘冬過去，新春隨之降臨，這是「敝則新」的例證。「曲」、「枉」、「窪」、「敝」，都是屬於柔弱退讓的一面；「全」、「直」、「盈」、「新」，都是屬於剛強的一面。老子認為宇宙間的一切事物，都在對立的情況中反覆變化，永無止息。而在變化的過程中，所有堅強的東西，都要被摧毀，柔弱的東西，反而能留存。所謂「堅強者，死之徒；柔弱者，生之徒。」（七十六章）就是「曲、枉、窪、敝」所以能「全、直、盈、新」的道理。

「少則得，多則惑。」西洋俗語說：「太多等於沒有。」降低欲望，則很容易滿足，這是「少則得」的意思。十二章說：「五色令人目盲，五音令人耳聾，五味令人口爽。」這就是「多則惑」的證明。

「是以聖人抱一為天下式。」「一」，比喻「道」。「一」是數的開始，「道」是物的本根，所以用「一」喻「道」。「抱一」，就是守道。「式」，法則的意思。上文說：「少則得，多則惑。」多不如少，少又不如一，所以抱一能為天下的法則。

「不自見，故明；不自是，故彰；不自伐，故有功；不自矜，故長。」「見」和「現」同，表現的意思。「自見」就是自我表現。「自是」，就是自以為是。「彰」，顯明的意思。「伐」，誇耀的意思。「矜」，尊大的意思。「自矜」，就是自尊自大。「自見」、「自是」、「自伐」、「自矜」，都是有我、自私的表現。反之，就是無我、不自私。自私的結果，反而喪失自我；不自私，反而能保全自我。第七章說：「非以其無私邪？故能成其私。」就是這個道理。

「古之所謂曲則全者，豈虛言哉？誠全而歸之。」「曲則全」一句，總括下文「枉則直」等五句。「誠」，實在的意思。「全」，保全的意思。「歸」，「歸向」的意思。「全而歸之」，是說保全它（曲則全）而以它為歸趨。

【說明】本章旨在以自然界「曲、枉、窪、敝」而能達成「全、直、盈、新」的情形，勸人處柔守弱，謙下退讓。因為「天道虧盈而益謙，人道惡盈而好謙。」（《易・謙卦・彖辭》）所以人要「知其雄，守其雌；知其白，守其黑；知其榮，守其辱。」（二十八章）

第二十三章

希言自然。故飄風不終朝，驟（ㄗㄡˋ zòu）雨不終日。孰為此者？天地。天地尚不能久，而況於人乎！故從事於道者，同於道；德者，同於德；失者，同於失。同於道者，道亦樂得之；同於德者，德亦樂得之；同於失者，失亦樂得之。信不足焉，有不信焉。

【譯意】治理政事要「處無為之事，行不言之教。」一切順應自然。所以暴風颳不了一個早上，急雨下不了一整日。誰造成這樣的情形呢？是天地。天地造成的暴風急雨尚且不能夠維持長久，何況人造成的苛刑虐政呢？所以從事於道的人，就能得到道；從事於德的人，就能得到德；從事不道不德的人，就能得到不道不德。得到道的人，道也樂於得到他；得到德的人，德也樂於得到他；得到不道不德的人，不道不德也樂於得到他。為政者的誠信不足，人民自然就不信任他。

【解析】「希言自然。」「希」，是無的意思。「希言」和第二章「行不言之教」的「不言」意同。「言」指聲教法令。「自然」就是無為。這句話是說治政者不必立法令、定制度，一切順應自然、無為而治就可以了。

「飄風不終朝，驟雨不終日。」「飄風」，就是暴風、疾風。「終朝」，一個早上。「驟雨」，急雨。「飄風」、「驟雨」，都是比喻暴虐的政治。飄風不會吹一個早上，急雨不會下一整天，那麼暴政也不會維持長久的，暴秦就是一個最好的例證。

「天地尚不能久，而況於人乎！」這句是說天地失常，妄作飄風驟雨，尚且不能長久，何況人妄作苛政嚴刑呢？「天地」指天地所作的飄風驟雨，並不是指天地本身，因為「天長地久」（第七章），不會「不能久」的。

「從事於道者，同於道；德者，同於德；失者，同於失。」「從事於道」，以道為法的意思，就是「處無為之事，行不言之教。」「同於道」，與道同體的意思。下文「同於德」、「同於失」，都仿造這句解釋。「同於道」，王弼本原作「道者同於道」，多出「道者」兩個字，《帛書老子》篆本、隸本都沒有這兩個字，所以依據《帛書老子》把這兩個字刪除。「德者」、「失者」都承上文「從事於」而省掉這三個字。「失」意指失道、失德，也就是不道、不德的意思。

「同於道者，道亦樂得之；同於德者，德亦樂得之；同於失者，失亦樂得之。」人既誠心追求道，道也不拒人於千里之外，而樂於為人所用。所以說：「同於道者，道亦樂得之。」其他「同於德者，德亦樂得之；同於失者，失亦樂得之。」意思都依此類推，物類相感。《易經・繫辭・文言》說：「同聲相應，同氣相求，水流溼，火就燥，雲從龍，風從虎。」就是這幾句話的意思。

「信不足焉，有不信焉。」這兩句重見十七章，解釋見十七章。

【說明】　本章旨在說明治理政事當依循自然、順從民意，不可妄作妄為。妄作妄為必不能長久，因為天地妄作飄風、驟雨，且不能長久，何況人呢？而道的精神就是自然無為，治政能順從自然，就是順從道，而順從道的人，就能與道同體；反之，從事於不道的人，也能與不道同體。治政者實在不能不謹慎從事啊！

第二十四章

企者不立，跨者不行。自見（ㄒㄧㄢˋ xiàn）者不明，自是者不彰，自伐者無功，自矜者不長；其在道也，曰餘食贅行。物或惡（ㄨˋ wù）之，故有道者不處。

【譯意】 為人處世，總以謙下退讓為宜，反之，沒有不失敗的。舉起腳跟想要高過別人的，反而站不穩；張開步伐想要快過別人的，反而走不動。自我表現的，反而不能顯明；自以為是的，反而不能昭著；自我誇耀的，反而沒有功勞；自大自滿的，反而不能長久。這些行為對道來說，都是些剩飯贅瘤，都是多餘的，不僅沒有益處，反而有害處。一般人尚且厭惡，所以有道之士，更不會這樣做了。

【解析】「企者不立，跨者不行。」「企」和「跂」同，舉起腳跟站立的意思。「跨」，大步而行的意思。舉起腳跟本來想求更高，張開兩腳本來想求更快，但都因為過分求進，違背自然，反而站不住，走不快了。

「自見者不明，自是者不彰，自伐者無功，自矜者不長。」「自見」、「自是」、「自伐」、「自矜」，都是自我炫耀、爭強好勝的表現，和老子主張的謙下退讓完全異趣，所以最後必至於「不明」、「不彰」、「無功」、「不長」。二十二章說：「不自見，故明；不自是，故彰；不自伐，故有功；不自矜，故長。」文意與這幾句相成，可以合看。

「其在道也，曰餘食贅行。」「其」指「企」、「跨」、「自見」等六件事。「餘食」，餘棄的食物。「行」和「形」同。「贅行」就是「贅形」，指形體上附贅的東西，如駢拇、枝指、肉瘤之類便是。這些多餘的東西，對身體不僅無益，而且有害，「自見」、「自是」等行為，便和這些多餘的東西一樣。

「物或惡之，故有道者不處。」「物」指人。「不處」，不以此自居，也就是不為的意思。兩句話的意思是說，「自見」等行為，一般人尚且厭惡，所以有道之士當然不會去做。

【說明】　本章和二十二章的旨趣相同，都是勸人順應自然，遇事謙下退讓，不可爭勝逞強。只是本章從正面說，二十二章從反面說而已。

第二十五章

有物混成，先天地生。寂兮寥兮，獨立而不改，周行而不殆，可以為天下母。吾不知其名，字之曰道。強（ㄑㄧㄤˇ qiǎng）為之名，曰大。大曰逝，逝曰遠，遠曰反。故道大、天大、地大、人亦大。域中有四大，而人居其一焉。人法地，地法天，天法道，道法自然。

【譯意】有一個混然而成的東西，在天地還沒有形成之前就已經存在了。它既沒聲音，也沒有形體，但卻超越於萬物之上而永久不變，無時無地不在運行而永不停止。它創造天地萬物，可以作為天下一切的根源。我不知道它的名字，把它叫作「道」。勉強地描述它的形狀，可說是廣大無邊，廣大無邊就運行不息，運行不息就無遠不到，無遠不到就歸本還原，又返回到寂寥虛無。所以，道是大的，天是大的，地是大的，人也是大的。宇宙中有四個大的，而人占有其中的一個。人以地為法則，地以天為法則，天以道為法則，道則以自然為法則。

【解析】「有物混成，先天地生。」「物」就是二十一章「道之為物」的「物」，指道。道本不知其名，所以暫用一個「物」字稱它，並不是說道是物質。「混成」，混然而成的意思。道能創生天地萬物，則必先天地而存在。所以說：「先天地生」。

「寂兮寥兮，獨立而不改，周行而不殆，可以為天下母。」「寂」，形容道沒有聲音。「寥」，形容道沒有形體。道先天地而生，超然萬物之上，沒有一樣東西可以和它匹敵，所以說「獨立」。道生萬物，萬物無時不在變化，唯有道永恆不變，所以說「不改」。王弼本原沒有「而」字，和下文「周行而不殆」不對稱，《帛書老子》隸本有「而」字，所以依據《帛書老子》加上「而」字。「周行」，指道無所不在。「殆」和「怠」同，止息的意思。「不殆」，指道的作用永不停止。「獨立而不改」，指道體的絕對和永恆。「周行而不殆」，指道用的廣大而無盡。「可以為天下母」，就是為天地萬物的根源。

「吾不知其名，字之曰道。」「字」，動詞，命名的意思。「道」這個字，先秦諸子中其他各家雖也有提到，但它的意義僅限於人生、政治方面，沒有擴展到宇宙方面。把「道」看作宇宙的根源，這是老子的偉大發現。稱它為「道」的，老子也是第一人。

「強為之名曰大。大曰逝，逝曰遠，遠曰反。」「強」，勉強的意思。「名」，形容的意思，和十五章「強為之容」的「容」意思相同。「道」不可道，所以說「強為之名」。「大曰逝」，是說廣大則運行不息。「曰」，作「則」、「就」講，下兩句「逝曰遠，遠曰反」中兩個「曰」字意思相同。「逝」，往的意思。「遠」，窮極的意思。道體流行則無所不至，所以說「逝曰遠」。「反」，復的意思，就是十六章的「歸根」、「復命」，道無所不至則復歸於虛無。

「人亦大。」「人」，王弼本原作「王」，但和下文「人法地，地法天，天法道」，意思不連貫。許慎《說文・大部》作「人亦大」，古本也作「人」，所以依據古本改作「人亦大」。下句「而王居其一焉」，「王」字一併改作「人」。

「人法地，地法天，天法道，道法自然。」人、地、天、道所法的都是無私精神，也就是法自然。地無私載，所以「人法地」；天無私覆，所以「地法天」。道則「生而不有，長而不宰。」（五十一章）、「衣養萬物而不為主。」（三十四章）所以「天法道」。「自然」，自然而然，無為無事的意思。「自然」是道的性質，道之所以能發生主宰作用，完全是順應自然，聽任萬物的自化罷了，並不是在道的上面另有一個東西叫做「自然」，而為道所效法。因為在道的上面如果有任何東西，那道便不能成為宇宙萬物的本源了。

【說明】本章旨在說明道的體和用。道體「獨立而不改」，道用「周行而不殆」，而為天地萬物的本源。但道創生萬物，並非有任何意圖，只是順應自然罷了。正因為如此，道才能包舉天地，綜貫古今，而為萬物所推戴。人如能效法這種精神，其結果必為眾人所愛戴，自不待言。

第二十六章

重為輕根，靜為躁君。是以聖人終日行不離輜重，雖有榮觀，燕處超然。奈何萬乘之主，而以身輕天下？輕則失根，躁則失君。

【譯意】 修身治事，穩重、清靜最為重要，輕浮、急躁最要不得，穩重是輕浮的根本，清靜是急躁的主帥。所以體道的聖人整天的行走，卻離不開輜重，雖然有華美豐富的物質享受，卻能泰然處之，不受它的左右。一個萬乘之國的君主，怎麼可以輕浮急躁地來治理天下呢？輕浮就不能穩重，急躁就不能清靜了。

【解析】 「重為輕根，靜為躁君。」以樹木為例，根重在下，枝葉輕在上；枝葉可隨風搖動，而根則始終安靜。由此可知「重」和「靜」是本、是常；「輕」和「躁」是末、是變。且「重」能克輕，「靜」能勝躁。所以有道之士，能執本處常，捨末去變，持重以克輕，守靜以勝躁。試看淝水之戰，苻堅輕浮，謝安穩重；苻堅急躁，謝安寧靜，結果謝安打敗了苻堅，東晉因而穩固，前秦因而滅亡。這就是一個最好的明證。

「是以聖人終日行不離輜重，雖有榮觀，燕處超然。」「行」，行走的意思，和下文「處」為相對詞。「輜重」是載衣物糧食的車子，因為它很累重，所以稱「輜重」。「榮觀」，宮闕的意思。「燕處」，安居的意思。「超然」，無所牽繫的意思。這幾句是說有道之士，出門行走，則不離輜重，在家雖有華麗的宮闕，美好的生活享受，但內心穩重寧靜，絲毫不為所動。

「奈何萬乘之主，而以身輕天下？」「萬乘之主」，指帝王國君。帝王國君一身繫天下安危，應當持重守靜，以作為天下國家的表率；如果輕浮急躁，就不足以擔當天下的重任了。又「以身輕天下」，《帛書老子》篆本、隸本皆作「以身輕於天下」，「天下」上有一「於」字，就可知道「天下」二字是處所詞，意思更為清楚。

「輕則失根，躁則失君。」這兩句和開頭兩句「重為輕根，靜為躁君」遙相呼應。「本」和前文的「根」意思相同，指「重」。「君」也和前文的「君」字意思相同，指「靜」，並不是君王的意思。

【說明】本章旨在說明「重」和「靜」的重要。重能御輕，靜能制動，這是物理，也是人事的公例。治理國家的人，應該取法物理，處重守靜，夷險一節，這樣才能置國家於泰山之安。如果輕率將事，妄作妄為，必將身亡國滅了。

第二十七章

善行無轍跡，善言無瑕讁（ㄓㄜˊ zhé），善數（ㄕㄨˇ shǔ）不用籌策，善閉無關楗而不可開，善結無繩約而不可解。是以聖人常善救人，故無棄人；常善救物，故無棄物，是謂襲明。故善人者，不善人之師，不善人者，善人之資。不貴其師，不愛其資，雖智，大迷，是謂要妙。

【譯意】善於處事的人，能夠順自然而行，所以不留一點痕跡。善於說話的人，能沉默不言，所以沒有一點過失。善於計算的人，能不用心智應世接物，所以能不用籌碼。善於籠絡群眾的人，推誠相與，所以即使不用門戶來拘限，群眾也不會背離。善於結納人心的人，謙虛退讓，所以即使不用繩索來綑縛，別人也不會離去。因此，體道的聖人，能夠隨時教化人民，使人盡其才，所以沒有遺棄的人；能夠處處珍惜萬物，使物盡其用，所以沒有遺棄的物。能夠做到這些，真可以說是得到道的精微高明了。所以善人是不善之人的老師，可以教化不善之人遷善向上；不善之人是善人的鏡子，可以警惕善人墮落陷溺。如果不善之人不尊重善人，善人不愛惜不善之人，雖然自以為聰明，其實還是大大的糊塗，這個道理，真是奧妙啊！

【解析】「善行無轍跡，善言無瑕讁，善數不用籌策。」「行」，動詞，本來是行走的意思，引申指一切行為。「轍」是車輪所輾過的痕跡，「轍跡」就是痕跡。行走都會留下痕跡，要想不落痕跡，只有不走，或者順著別人的腳印走。做事也是如此，要想不生錯誤，只有「無為」，也就是順自然而為。「讁」和「謫」同，過錯的意思。「瑕」和「讁」意思相同。「瑕讁」就是錯誤。說話總會有錯誤，要想沒有錯誤，只有「不言」。因為「言多必失」，「不言」就沒有過失了。「數」是動詞，計算的意思。「籌」和「策」都是用竹子做的，古時候計數的工具。計算數目，都要憑藉籌策一類的工具，不用籌策而稱「善數」，那只有不數。引申就是不用心機的意思。俗語說：「人算千算，不如天算一算。」又說：「智者千慮，必有一失。」就是這個意思。

「善閉無關楗而不可開，善結無繩約而不可解。」「關楗」是關閉門戶的橫木和豎木，橫的叫關，豎的叫楗。關閉門戶都要用關楗，不用關楗而稱「善閉」，那只有用無形的關楗（誠實）。以誠待人，別人絕不會背離，比用任何關楗都好；反之，不能推誠相與，再好的關楗也關不住人的。「結」，綑綁的意思。「繩約」就是繩索。綑綁任何東西都要用繩索，不用繩索而稱「善結」，那只有用無形的繩索（謙虛）。以謙沖待人，自然會產生向心力，而別人不會離去；反之，不能謙沖待人，任何繩索都束縛不住人的。

「是謂襲明。」「襲」是承襲、保有的意思。「明」就是十六章「知常曰明」的「明」。「襲明」就是守本、得道的意思。

「善人者，不善人之師；不善人者，善人之資。」「資」，解作「取」，引申有借鏡的意思。善人可以教人為善，所以是「不善人之師」；不善人可以使人不為惡，所以是「善人之資」。孔子說：「擇其善者而從之，其不善者而改之。」（《論語．述而》）和這個意思相通。

「不貴其師，不愛其資，雖智，大迷。是謂要妙。」「師」，指善人。「資」，指不善人。「大迷」，最大糊塗。「要」，精要玄妙。

【說明】本章旨在教人順應自然，因物為用，不可妄用私智，自作聰明。秦始皇得天下，發邊戍、築長城、修關塞，不過傳了二世。武王伐紂，建比干的墓，設箕子的門，朝成湯的廟，發鉅橋的米，散鹿臺的錢，天下歌頌，傳了三十四代。這是多好的證明啊！

第二十八章

知其雄，守其雌，為天下谿（ㄒㄧ xī）。為天下谿，常德不離，復歸於嬰兒。知其白，守其黑，為天下式。為天下式，常德不忒（ㄊㄜˋ tè），復歸於無極。知其榮，守其辱，為天下谷。為天下谷，常德乃足，復歸於樸。樸散則為器，聖人用之，則為官長。故大制不割。

【譯意】 知道雄壯剛強的好處，而寧願處在雌伏柔弱的地位，這樣，才可作為天下的谿壑，使眾流會注。能作為天下的谿壑，常德就不會散失，而復歸於自然狀態，就如同嬰兒一樣。知道清白的好處，而寧願處在黑暗的地位，這樣，就可以作為天下的法式。能作為天下的法式，常德就不會有差錯，而復歸於廣大無窮的境界。知道榮顯的好，而寧願處在卑汙的地位，這樣，就可以成為天下的山谷，容納天下的汙垢。能成為天下的山谷，常德就會充足，而復歸於質樸的狀態。質樸散失了，就變成了各種器物，體道的聖人抱守住質樸，就能成為百官的首領。所以，大的體制是不容割裂的。完善的政治，也是要順自然而行，無為而治，而不可設施造作、支離割裂。

【解析】「知其雄，守其雌，為天下谿。」「雄」代表尊、剛、強等性。「雌」代表卑、柔、弱等性。「知雄守雌」就是知尊守卑、知剛守柔、知強守弱。老子認為宇宙間萬事萬物的發展，都是循環反覆不已，在這個循環發展中，一切表面上剛的、強的，都要被摧毀；而柔的、弱的反而能生存。所以守雌、守柔、守弱才是求全之道，才是真正的剛，真正的強。「谿」和「溪」同，就是山澗。和下文「為天下谷」的「谷」字，都是比喻空虛卑下。

「為天下谿，常德不離，復歸於嬰兒。」「常德」，常久不變的德。「常道」、「常德」、「常名」，都是《老子》書中的常用語。「嬰兒」，比喻純樸自然。

「為天下式，常德不忒，復歸於無極。」「忒」，差錯的意思。「極」，窮盡的意思。「無極」，就是無窮無盡。因為道體無所不在，道用無窮無盡，所以「復歸於無極」，就是復歸於道。

「知其榮，守其辱，為天下谷。」「榮」，榮顯的意思。「辱」，汙辱的意思。谷中空虛，能夠容納汙垢。所以「為天下谷」，就是能容納天下汙垢的意思。「受國之垢，是謂社稷主。」（七十八章）所以能「為天下谷」，才具有為天下王的條件。

「樸散則為器，聖人用之，則為官長。故大制不割。」「樸」本來是未經雕琢的木，引申指道。因為道具有樸的特性，三十二章：「道常無名樸。」可以為證。所以樸可以代替道。「樸散則為器」表面上是說樸素的木經雕琢後變成器皿，實際上是說形而上的道，經鑿破後化為形而下的器物。「之」，指樸。「官長」，百官之長。是說聖人抱道守樸，就可以成為百官的首領。「大制」，就是大道。樸散為器，是道的過失，道的墮落。聖人守道抱樸，則能成為官長，由此可知，大道是不容割裂的。若大道割裂，聖人就不能守道抱樸了。

【說明】本章旨在教人守柔不爭，應用到政治上則為守樸無為。所謂「守雌」、「守黑」、「守辱」，並不是要人自居失敗，而是要人由此而能「為天下谿」、「為天下式」、「為天下谷」，也就是說由此而能使「天下莫能與之爭。」（六十六章）只是這個道理一般人不易明瞭而已。漢高祖為人倨傲無禮，幾次派人請商山四皓，四皓就是不肯出來幫助他。太子劉盈（就是後來的漢惠帝）卑辭厚禮親自去請，四皓終於答允相助。這不是一個很好的證明嗎？

第二十九章

將欲取天下而為之，吾見其不得已。天下神器，不可為也。為者敗之，執者失之。故物或行或隨，或歔（ㄒㄩ xū）或吹，或強或羸（ㄌㄟˊ léi），或陪或隳（ㄏㄨㄟ huī）。是以聖人去甚，去奢，去泰。

【譯意】治理天下應該無為，想要以有為治理天下，我知道那是辦不到的。天下是個很神妙的東西，治理它不能有為。有為的人，必定敗亂天下；固執堅持有為的人，必定失掉天下。人的稟性情狀各有不同，有的積極，有的消極；有的歔寒，有的吹暖；有的剛強，有的柔弱；有的增益，有的敗壞。因此聖人治理天下，順人情，依物勢，以自然無為為治，而除去一切極端的、過分的措施。

【解析】「將欲取天下而為之，吾見其不得已。」「取」，治理的意思。「取天下」，就是治理天下。「為」，作為的意思。「之」，指天下。下文「為者敗之，執者失之」兩個「之」字的解釋和這個相同。「不得」，是說不可能。「已」和「也」字的用法相同，是句末語氣詞。聖人治理天下，都順應自然，以無為為治。現在想要「為之」，當然就「不得已」。

「天下神器，不可為也。為者敗之，執者失之。」「神器」，神聖貴重的器物。「為者」，是說有為的人。「執」，固執已見的意思。「執者」，是說固執堅持有為的人。「為者」如果能適可而止，或僅止於敗亂天下，如果不能徹悟，固執有為，那就要失掉天下了。

「故物或行或隨，或歔或吹，或強或羸，或陪或隳。」「故」，解作「夫」，是發語詞，沒有意思。「物」，指人，和二十四章「物或惡之」的「物」字意思相同。「隨」，隨行的意思。「或行或隨」，是說有人喜歡領導前行，有人喜歡在後跟隨。前行的人積極，後隨的人消極，所以引申有積極、消極的意思。吐氣使溫叫「歔」，吐氣使寒叫「吹」。「羸」，弱的意思。「陪」，增益的意思。王弼本原作「挫」，和下文「隳」字意思並不相對。《帛書老子》隸本作「陪」，和「隳」的意思正好相對，所以依據《帛書老子》隸本改作「陪」。「隳」和「墮」同，引申有毀壞的意思。

「是以聖人去甚，去奢，去泰。」「甚」、「奢」、「泰」意思相同，都是過分的意思。

「去甚、去奢、去泰」，就是去私任物，順自然而行。

【說明】本章在說明治政的道理，全在自然無為，不固執己見，妄作妄為。因為人心不同，愛惡各異，如果固執有為，必定顧此失彼，不如去甚、去奢、去泰，「以百姓心為心」，則人民自然安寧。西漢初年，曹參繼蕭何為相國，以清靜無為為治，天下大治，百姓歌頌不已。老子說：「無為之益，天下希及之？」（四十三章）真是一點也不錯。

第三十章

以道佐人主者，不以兵強天下。其事好還。師之所處（ㄔㄨˇ chǔ），荊棘生焉；大軍之後，必有凶年。善者果而已，不敢以取強。果而勿矜，果而勿伐，果而勿驕。果而不得已，果而勿強。物壯則老，是謂不道，不道早已。

【譯意】用大道來輔佐君主的人，是不用兵力逞強於天下的。因為用兵力服人，很容易引起報復，這樣的冤冤相報，永遠也沒有了結的時候。還有，大兵所到之處，耕稼都廢弛了，弄得遍地都是荊棘。大戰過後，水旱蟲疫一起產生，一定會產生荒年。所以善於用兵的人，只求用兵力達到目的就算了，可不敢用來黷武逞強。目的達到了就不必自高自大，目的達到了也不必自吹自擂，目的達到了更不必自驕自傲。要知道達到目的也是出於不得已的，因此已經達到目的就不必逞強。萬事萬物，一到強大盛壯的時候，便開始衰弱老化，所以爭勝逞強是不合於道的，不合於道的事，就如同飄風驟雨，很快就會消滅。

【解析】「以道佐人主者，不以兵強天下，其事好還。」道以自然為主，以柔弱為用，而戰爭則起於自私、欲望，表現逞強好勝，完全和道的精神不合。所以，「以道佐人主者」，當然不會「以兵強天下」，否則，就違背道的精神了。「其事好還」，是說戰爭一事很容易循環報復。殺人家的父親，人家也必定要殺他的父親；殺人家的兄長，人家也必定要殺他的兄長，這就是「好還」。

「師之所處，荊棘生焉；大軍之後，必有凶年。」「師」就是軍隊。「處」，動詞，居住的意思。「所處」就是所到之處。「荊棘」都是有刺的樹木，這裡用來形容田地荒蕪的情形。因為戰火所到之處，必定傷害人民，殘荒田地，所以說「荊棘生焉」。「大軍」，大戰的意思。「凶年」，就是荒年。大戰之後，農民死傷，農事廢弛，五穀不生，蟲疫並行，必定產生荒年。

「善者果而已，不敢以取強。」「善者」，是說善於用兵的人。「者」字王弼本原作「有」，意思不太通順，《帛書老子》篆本、隸本都作「者」，比「有」字要通暢的多，所以依據《帛書老子》改作「者」。「果」，效果，目的的意思。「取強」就是爭強。是說善於用兵的人，只求達到目的，戰勝敵方而已，是不敢用武力逞強於天下的。

「物壯則老，是謂不道，不道早已。」「壯」，強的意思。「不道」是說不合於道。「已」，止息、死亡的意思。萬物強壯必趨於老死，這是自然現象。而道是主柔弱的，強壯則不合於道，不合於道必定早死，所以說「不道早已」。

【說明】 老子是主張謙下不爭的，所以他反對戰爭。本章就在表現他的反戰思想。所謂「其事好還。師之所處，荊棘生焉，大軍之後，必有凶年。」這種戰後的悽慘情景，就是他反戰的理由。不過反戰並不是主張投降，只是反對以武力侵略別人，所謂「不以兵強天下」而已，若是敵人來侵，總不能束手就擒，還是要抵抗的。不過這種用兵，只以擊退敵人為目的，戰勝了還不能自矜自伐，更不能驕傲，因為處於不得已的情形才用兵的，殺人傷命，哀憐還來不及，哪裡還能夠矜伐驕傲呢！

第三十一章

夫兵者不祥之器，物或惡（ㄨˋ wù）之，故有道者不處（ㄔㄨˇ chǔ）。君子居則貴左，用兵則貴右。兵者，不祥之器，非君子之器，不得已而用之，恬淡為上。勝而不美，而美之者，是樂殺人。夫樂殺人者，則不可得志於天下矣。吉事尚左，凶事尚右，偏將軍居左，上將軍居右。言以喪禮處之。殺人之眾，以悲哀立之，戰勝，以喪禮處之。

【譯意】兵器武力是不吉祥的東西，一般人都厭惡它，所以有道的人都不肯使用。君子平常以左方為大，到了用兵作戰的時候，就以右方為大，這就是因為用兵作戰要殺害生靈，是屬於凶事的關係。兵器武力實在是不吉祥的東西，君子心地仁慈，厭惡殺生，所以兵器武力不是他們所使用的東西。如果實在萬不得已要使用它，也要心平氣和，只求達到目的就算了。戰勝了也不必自認為了不起，如果自認為了不起，就是喜歡殺人了。喜歡殺人的人，人人厭惡，一定沒有辦法成為天下之主的。吉慶的事情都以左方為大，凶喪的事情都以右方為大。用兵作戰的時候，偏將軍在左方，上將軍在右方，這是把戰爭當作喪事來看待。殺人多了，要以悲哀的心情來悼念他們，即使打勝了，也要以喪事來處理。

【解析】「夫兵者不祥之器，物或惡之，故有道者不處。」「兵」，泛稱武器，引申指武力。王弼本原作「夫佳兵者」，「兵」上有一個「佳」字，意思很難通。有人以為「佳」字是「隹」字的錯誤，但作「隹」字也不好懂。《帛書老子》篆本和隸本都作「夫兵者」，意思很通暢，所以就依據《帛書老子》刪去「佳」字。兵器易傷人，所以稱為「不祥之器」。「物」，指人。

「君子居則貴左，用兵則貴右。」「居」，平居、平常的意思。「貴」，崇尚、重視的意思。周代中原諸侯以右為大，用兵時剛好相反，以左為大，所以主帥在左方，右方為武士。而蠻夷之國以左為大，「左衽」就是一個例子。老子是楚國人，楚國在周代還是蠻夷之國，所以「君子居則貴左，用兵則貴右。」恐怕是楚國的情形。

「恬淡為上。」「恬淡」，心平氣和的意思，就是前章「不敢以取強」的意思。

「勝而不美，而美之者，是樂殺人。」「美」，誇耀驕傲的意思。「勝而不美」就是上章的「果而勿矜，果而勿伐，果而勿驕。」

「夫樂殺人者，則不可得志於天下矣。」兵是人人厭惡的，喜歡殺人就是喜歡兵，喜歡兵就是與眾為敵，與眾為敵的人怎麼能夠得志於天下呢？戰國時代梁襄王曾經問孟子：「天下如何才能安定？」孟子回答說：「統一就能安定。」襄王又問：「誰能統一天下？」孟子說：「不喜歡殺人的人就能統一天下。」（《孟子．梁惠王上》）老子認為喜歡殺人的不能得志於天下，孟子認為不喜歡殺人的人才能統一天下，老子、孟子思想各異，但是反對用兵、反對殺人這一點則完全相同。

「殺人之眾，以悲哀立之，戰勝，以喪禮處之。」殺人不僅不能以為樂趣，殺人眾多，還要以悲哀的心情來悼念，這是一種悲天憫人的胸懷。「立」，王弼本原作「泣」，意思不很通暢，《帛書老子》篆本和隸本都作「立」，解作「蒞」，蒞臨的意思。

【說明】　本章和上章一樣，也是表現老子反戰思想的。「兵」是不祥的東西，一般人都厭惡，何況是有道之士的老子呢！孔子到衛國，衛靈公問他戰陣的事情，孔子回答說：「祭祀的禮節，我是學過的；戰陣的事情，沒有學過。」第二天就急急地離開了衛國（《論語．衛靈公》）孟子曾經說：「善於作戰的人，要受最重的懲罰。」（《孟子．離婁下》）可見儒、道二家思想雖有不同，但反對戰爭則完全是一樣的。

第三十二章

道常無名，樸。雖小，天下莫能臣也。侯王若能守之，萬物將自賓。天地相合，以降甘露，民莫之令而自均。始制有名。名亦既有，夫亦將知止，知止所以不殆。譬道之在天下，猶川谷之與江海。

【譯意】道不可見，不可聞，不可搏，所以是永遠沒有名稱的，也是永遠質樸自然的。它雖然隱微，但是天下卻沒有人能夠輕視它、指使它。侯王如果能抱守住它，萬民都將自動的歸服。天地的陰陽二氣相合，就降下了甘露，人們並不需要指使它、控制它，它就會很均勻。道生萬物，因任自然，毫無私心，就如天降甘露一樣，也是非常公平的。但道創造了萬物，萬物就有了名稱。名稱有了後，愈衍愈多，紛爭也就隨之而產生，所以要知道適可而止。知道適可而止，就不會有危險了。道在天下，對萬物來說，就好像江海對於川谷一樣。江海是百川的歸宗，道也是萬物的歸趨。

【解析】「道常無名，樸。雖小，天下莫能臣也。」「道常無名」，道體虛無隱微，所以無名。四十一章說：「道隱無名。」可以證明。「樸」，本指未經雕琢的原木，這裡用來形容道體，所以可解釋為質樸自然。「無名」和「樸」都是道的性質。「小」是形容道的隱微。「臣」，動詞，臣服、指使的意思。道是萬物的根源，萬物只能從道、體道，而不能臣服道。

「侯王若能守之，萬物將自賓。」「之」，指道。「賓」，動詞，服從的意思。道是萬物之母，侯王守道，也就成為萬物之主，萬物當然自動服從。

「天地相合，以降甘露，民莫之令而自均。」「天地相合」，指天地陰陽之氣相合。「之」，指甘露。「自均」，自然均勻的意思。天降甘露，周遍均勻，萬物都能得滋潤，這不是人力所可以干預的，完全是自然而已。道生萬物，也是本諸自然，所以萬物各得其養。治國的人如能效法天道，順應自然，無私無欲，不造不設，萬民自然各得其所，而無不服從了。

「始制有名。名亦既有，夫亦將知止，知止所以不殆。」「制」和「製」同，創造的意思。「始制有名」，是說道本無名，而萬物開始創生遂有名稱。但名稱有了以後，必將愈衍愈繁，愈出愈奇，終而離本愈遠，所以要「知止」。「知止」實際上就是守道，守道則萬物賓服，所以說「知止所以不殆」。「所」，王弼本原作「可」，但注說：「知止所以不殆。」《帛書老子》篆本和隸本都作「所」，所以據《帛書老子》改作「所」。「殆」，危險的意思。

「譬道之在天下，猶川谷之與江海。」道在天下，對萬物而言，其關係猶如江海之與川谷一樣。這一句話語法比較奇特，文字也有簡省，所以意義不容易弄清楚。江海為百谷之王，百川的水，最後都要匯歸江海。所以就拿川谷和江海的關係，來比喻萬物和道的關係。「與」，王弼本原作「於」，但注說：「猶川谷之與江海。」《帛書老子》篆本、隸本都作「與」，所以就依據《帛書老子》改作「與」。

【說明】本章在說明道有無名、樸二特性，所以天下萬物都臣服於道。侯王若能守道，也就是守無名和樸，萬物將自動歸服。但萬物有名，而且名愈衍愈多，侯王不能守無名，只好不讓名繁衍滋生，這叫做「知止」，而知止也就可以消極地避免危險了。

第三十三章

知人者智，自知者明。勝人者有力，自勝者強。知足者富，強（ㄑㄧㄤˇ qiǎng）行者有志。不失其所者久，死而不亡者壽。

【譯意】能夠了解別人優劣長短的，只可算是聰慧；能夠認識自己本心本性的，才可算是清明。能夠戰勝別人的，只可算是有力；能夠克服自己的，才可算是堅強。能夠知足而淡泊財貨的，便可算是富有；能夠體道而強行不息的，便可算是有志。以道為本而緊守不失的，便可算是長久；身雖死亡而精神不朽的，便可算是長壽。

【解析】「知人者智，自知者明。」知人需要識別察辨的能力，自知則需要內省返照的工夫。識別僅需要智慧，而內省則需要除情去欲，克己滅私，所以「自知」比「知人」更難。一個人的眼睛能看到百步之外，但卻看不到自己的睫毛；能看到別人些微的瑕疵，但卻看不到自己很大的過失。同時，「知人」愈多，自己損失的也愈多；但「自知」越久，越能增進自己的道德，提升自己的境界，從前有人把「智」比作蠟燭，把「明」比作鏡子，正是因為蠟燭愈燒愈短，而鏡子愈擦愈亮。這就是老子為什麼輕視「智」而重視「明」的原因了。

「勝人者有力，自勝者強。」「強」是五十二章「守柔曰強」的強，不是七十六章「堅強者死之徒」的強。每一個人都有私、有欲，要想去私、去欲，力氣是沒有用的，必須先自反自省，然後自清自虛，而這反省、清虛的工夫，正是困難的地方，所以古人說：「破山中賊易，破心中賊難。」就是這個道理。能夠自反自省，自清自虛，當然可以算是一位強者了。

「知足者富。」這是指財貨而言。因為人的欲望深如谿壑，縱使日進萬金，也難滿足，因此造成「眾人熙熙，皆以利來；眾人攘攘，皆以利往」的情形。反之，如果能淡泊寡欲，那麼縱使粗茶淡飯，也樂在其中。所以知足就綽然富裕了。

「強行者有志。」「強行」，就是四十一章的「勤而行之」，因為精微玄妙的道，固然要領悟，更重要的還在身體力行。所以老子說：「上士聞道，勤而行之。」但越是高遠的理想，追求時所遇到的阻礙越多，何況是精微玄妙的大道。如果稍遇挫折，便半途而廢，必將前功盡棄。因此必須要愈挫愈奮，再接再厲，直至「死而後已」，這樣才有成功的一天，而這樣也才能算是「有志」。

「不失其所者久。」「所」，本指處所，引申有根本的意思。魚生在水裡，離水必死；樹生在土中，離土必亡。萬物都是由道而生，所以必須守道而行，才能長久。如果妄作妄為，倒行逆施，那便是日暮途窮的時候，離死亡已不遠了。

「死而不亡者壽。」人有生必有死，這是自然的情形，不必悲哀，也不必恐懼，重要的是如何建立人生永久的價值，這個永久的價值建立了，則人雖死猶生，這就是「不朽」，也就是「壽」。如文天祥、史可法、吳鳳等便是。儒家的三不朽，是立德、立功、立言，而道家的不朽，則全在一個「道」字。如果能夠得道，那麼身雖死，而道猶存，這就是不朽，也就是「壽」了。

【說明】本章可說是老子的人生論，而特別著重「自知」、「自勝」、「知足」和「強行」。做到以上幾點，就可以算是得道了。如果能堅守而不失去，所謂「不失其所」，就能夠長生久視，能夠長生久視，就可以「死而不亡」、精神不朽了。本章的每一句都意義深遠，值得再三玩味。

第三十四章

大道氾兮，其可左右。萬物恃之而生而不辭，功成不名有，衣養萬物而不為主。常無欲，可名於小；萬物歸焉而不為主，可名於大。以其終不自為大，故能成其大。

【譯意】大道流行泛濫，可左可右，無遠不到，無所不至。萬物都靠著它而生長，它卻默無一言；它成就了萬物，卻不居其功；養育了萬物，卻不主宰它們。它一直沒有私心，沒有欲望，隱微虛無，可以說它很微小；但它的作用無窮，萬物都以它為依歸，而它並不主宰萬物，又可以說它很偉大。正因為它不自認為偉大，所以能夠成就它的偉大。

【解析】「大道氾兮，其可左右。」「氾」，泛濫流行的意思。「其」，指道。「左右」，是說上下四方無所不至。道的作用廣大而普遍，無遠弗屆，無所不至。《莊子．知北遊》中記載莊子和東郭子的一段對話，可以作為說明。東郭子問莊子：「道在哪裡？」莊子說：「道無所不在。」東郭子說：「請指明一個地方吧！」莊子說：「在螻蟻身上。」東郭子說：「怎麼這麼卑下呢？」莊子說：「在磚瓦裡面。」東郭子說：「怎麼越來越卑下呢？」莊子說：「在屎溺那面。」東郭子不講話了。莊子說：「你不要固執成見，天地間沒有一樣東西沒有道。」

「萬物恃之而生而不辭，功成不名有，衣養萬物而不為主。」「恃」，依賴的意思。「不辭」，就是不說話。孔子曾說：「天何言哉？四時行焉，百物生焉。」（《論語・陽貨》）天不言而萬物生長，道也是如此。「不名有」，不居其名的意思，就是第二章的「功成而弗居。」「衣養」，蒙被養育的意思。「衣養萬物而不為主。」就是第十章的「長而不宰」。

「常無欲，可名於小；萬物歸焉而不為主，可名於大。」「無欲」，就是無私。「於」，語詞，沒有意思。道生萬物，由於無私、無欲，所以「不辭」、「不名有」、「不為主」，萬物各得其所，各遂其生，好像道對萬物無所施與，無所作為，所以「可名於小」。但萬物依歸它，而道竟然「不辭」、「不名有」、「不為主」，所以「可名於大」。「可名於大」的「於」，王弼本原作「為」，但注說：「復可名於大。」而《帛書老子》篆本及隸本都作「於」，所以依據《帛書老子》改作「於」。

【說明】本章在說明道體的作用，無所不至。萬物恃道而生，恃道以成，而道不有不主，無為無欲，完全任萬物的自然發展。就「無為無欲」這一方面看，道可稱為小，但就「不有不主」這一方面看，道就可稱為大了。但正因為它不自認為偉大，反而更顯得它偉大。道固如此，人又何嘗不然。我們看有功的人，愈是謙虛，愈顯得有功；如果稍有貢獻，便自誇自傲，不僅顯不出他的功勞，反而會引起人家的反感呢！

第三十五章

執大象，天下往。往而不害，安平太。樂與餌，過客止。道之出口，淡乎其無味，視之不足見，聽之不足聞，用之不可既。

【譯意】一個君主治理政治，如果能夠抱守著大道，處無為之事，行不言之教，天下人都將會投奔他。投奔他而受不到一點傷害，那麼，天下就太平安寧了。悅耳的音樂，可口的美味，能夠引得過路的人止步，但道用言語表示出來，卻是淡而無味。它沒有形體，看也看不到；沒有聲音，聽也聽不到，可是卻取之不盡、用之不竭。所以有施有為，就如音樂和美味，只能滿足人的耳目口腹之欲；而道清靜無為，雖無聲無味，卻能使人長久安適。

【解析】「執大象，天下往。往而不害，安平太。」「執」，抱守、秉持的意思。「大象」，喻大道。四十一章說：「大象無形。」最大的物象是沒有形體的，道沒有形體，但無處不在，所以稱為「大象」。「天下」，是「天下人」的省略說法。「安」，作「乃」講，相當於口語的「於是」或「就」。

「樂與餌，過客止。」「樂」就是音樂。「餌」，本來的意思是果餌，引申指一切美好的食物。樂有聲，餌有味，以反喻道的無聲無味。樂與餌能令過路的人停止，而大道卻令天下人歸往。

「道之出口，淡乎其無味，視之不足見，聽之不足聞，用之不可既。」「出口」，是說用嘴講出來，也就是形之於言語的意思。《帛書老子》篆本和隸本都作「出言」，可證「出口」就是「出言」的意思。「淡乎其無味，視之不足見，聽之不足聞。」是對「樂與餌」而言，因為樂有聲，餌有味、有形。「既」，作「已」講，就是盡的意思。「不可既」，王弼本原作「不足既」，但注文說：「用之不可窮極也。」而《帛書老子》篆本和隸本都作「不可既」，由此知道王弼本原作「不可既」。因涉上文「不足見」、「不足聞」而錯誤，所以依據《帛書老子》改作「不可既」。

【說明】本章是用有聲有味的「樂與餌」，和無聲無味的道作一比較，而要人君抱守大道，以使天下太平康樂。就體而言，樂與餌有聲、有味、有形，道則無聲、無味、無形。就用而言，「樂與餌」有窮，而道無盡。就效果而言，樂與餌僅能「過客止」，而道卻可使「天下往」。其所以如此，是因為樂與餌僅能滿足人的耳目口腹之欲，而道卻能使人感到心靈上滿足、精神上愉悅。同時，「五音令人耳聾，五味令人口爽。」（十二章）樂與餌能使人得到反效果，而道卻能使人「安平太」，永久平安康樂。一般人只知道樂與餌的好處，卻不知大道的好處超過樂與餌很遠很遠。

第三十六章

將欲歙之，必固張之；將欲弱之，必固強之；將欲廢之，必固舉之；將欲奪之，必固與之。是謂微明。柔弱勝剛強。魚不可脫於淵，國之利器，不可以示人。

【譯意】物極必反，勢強必弱，這是自然的現象，不易的道理。明瞭這個道理，而加以運用，那麼，就無往而不利了。所以對任何事物，將要收縮它，必定先使它擴張；將欲削弱它，必定先使它堅強；將要廢棄它，必定先提舉它；將要奪取它，必定先給與它。這種道理，看似隱微，其實很明顯，那只是柔弱勝剛強罷了。淵是魚生存的根本，魚不能離開淵，離開淵必定乾死。柔弱是治國的根本，治國不用柔弱，必定滅亡。至於權謀、刑罰，都是凶利的東西，連顯示給人看都不可以，哪裡還能夠施之於人民呢！

【解析】「將欲歙之，必固張之。」「歙」，收縮的意思。「固」，定的意思。越王句踐要滅掉吳國，先勸吳王攻伐齊國，勝了齊國，又勸吳王和晉國在黃池之會上爭霸。這些目的都達到了後，吳王日漸驕奢，似張而實歙，於是越王一舉而消滅了吳國。這就是「將欲歙之，必固張之」的實例。

「將欲弱之，必固強之。」「弱」和「強」都是動詞。春秋時，鄭莊公要消滅共叔段，給他很大的土地、眾多的人民，使他終於起了反叛的念頭，然後莊公發兵一舉而撲滅了他。這就是「將欲弱之，必固強之」的實例。

「將欲廢之，必固舉之。」「廢」，廢棄的意思。「舉」，提舉的意思。王弼本原作「興」，和下文「與」不叶韻，所以依據前人的說法改作「舉」。春秋初期，楚國想入侵漢水東面國家，於是首先攻打最大的隨國。隨侯派遣少師來談判，順便一探楚軍的虛實，楚國有意示弱，把精銳的軍隊調開，把些老弱殘兵破舊的器械給他看，隨侯於是不把楚軍放在心上，並且漸漸離棄了附近的小國，於是不久，楚國就把隨國滅掉了。這就是「將欲廢之，必固舉之。」的實例。

「將欲奪之，必固與之。」春秋時晉獻公想要滅掉虞國，先送給虞君大璧和寶馬，請借路讓軍隊通過攻打虢國，虞公貪圖璧和馬，就答應借路。晉國在滅掉虢國以後，回師經過虞國，就順手把虞國消滅掉了。這就是「將欲奪之，必固與之」的實例。

「是謂微明，柔弱勝剛強。」「微」，隱微的意思。「明」，顯明的意思。是說以上這種消息盈虛的道理，似乎很隱微，而實際上很顯明，那就是柔弱勝剛強罷了。

「魚不可脫於淵，國之利器，不可以示人。」淵代表水，以喻柔弱。淵是魚生存的根本，以喻柔弱是人主治國的根本。「利器」，銳利的東西，指權謀刑罰等。人主治國，應以謙下柔弱為本，如果用權謀刑罰逞強，輕則亡身，重則國滅。所以說：「不可以示人。」連「示人」都不可以，更不要說施用了。

【說明】 本章在說明柔弱的益處，反過來說，也是在說明剛強的害處。無論動物植物，生時柔弱，死時堅強。人人厭惡柔弱，喜歡剛強，卻不知道柔生剛死，弱存強亡的道理，多麼可憐。人君如果明瞭這個道理，善加運用，則可以柔克剛，以弱勝強了。

很多人看了這段文字，便認為老子是陰謀家，如宋代的王應麟就說：「老子曰：『將欲歙之，必固張之，將欲奪之，必固與之。』這是陰謀家的話，范蠡用這個道理以取吳國，張良用這個道理以滅項羽。」（《漢書藝文志考證》）其實，與奪、歙張，是自然的道理，老子只不過把這個道理說出來罷了。老子政治思想一向主張無為自然，怎麼會教人耍權弄術，崇尚陰謀呢？

第三十七章

道常無為而無不為，侯王若能守之，萬物將自化。化而欲作，吾將鎮之以無名之樸。鎮之以無名之樸，夫亦將無欲。不欲以靜，天下將自正。

【譯意】道體順應自然，不造不設，好像是無所作為；但是萬物都由道而生，恃道而長，實際上是無所不為。治理國家的人如果能夠抱守著它，也以無為為用，萬物都將各遂其性地自生自長，自然衍化。但萬物在生長衍化的過程中，難免會產生私心欲念，而破壞社會的自然秩序，那時候，我將用道的本質「無名之樸」來鎮服。用「無名之樸」來鎮服，萬物就將沒有私欲了，萬物沒有私欲而能清靜，天下自然就會復歸於正常。

【解析】「道常無為而無不為，侯王若能守之，萬物將自化。」道體虛靜，順應自然而心生，所以說「無為」。但萬物恃道而生，因道而成，所以說「無不為」。「無為」是就道的作用方式而言，「無不為」是就道的作用效果而言。「侯王」，指執政的人。「之」，指道。「自化」，自然衍化的意思，也就是說順著本性發展。

「化而欲作，吾將鎮之以無名之樸。」「欲」指欲望、私欲。「作」，產生的意思。「鎮」，鎮壓、遏阻的意思。「無名之樸」，「樸」是道的本質，道既無名（三十二章：「道常無名」），所以樸也無名。這句是說萬物在衍化的過程裡，如果有欲望產生，我將用無名的樸來鎮服它。

「鎮之以無名之樸，夫亦將無欲。」「鎮之以無名之樸」這句話，王弼本原作「無名之樸」，沒有「鎮之以」三個字，後來的人都認為「無名之樸」四個字是多的，大多把它刪去，但《帛書老子》篆本和隸本「無名之樸」四字上有「鎮之以」三個字，才知道原文是缺掉這三個字了。所以依據《帛書老子》補上這三個字。「夫」，指上文「萬物」。

「不欲以靜，天下將自正。」「以」，連接詞，而的意思。「自正」，王弼本原作「自定」，《帛書老子》篆本和隸本都作「自正」。又五十七章說：「我好靜而民自正。」由此知道《老子》原文作「自正」，王弼本誤作「自定」，現在依據《帛書老子》改作「自正」。這句是說我沒有私欲而能虛靜，那麼萬物自然復歸於正常。

【說明】本章在說明「無為」的好處。「道常無為」，治政的人守道而行，也應該以「無為」為治政的方法。道「無為」其結果是「無不為」，人君「無為」，結果是「萬物自化」，這也就是「無不為」了。即使萬物私欲萌生，人君還不能「有為」，要用「無名之樸」來救治，這「無名之樸」實際上還是「無為」。由此可知「無為」這一個詞，在老子思想中地位的重要了。

第三十八章

上德不德，是以有德；下德不失德，是以無德。上德無為而無以為，上仁為之而無以為，上義為之而有以為，上禮為之而莫之應，則攘臂而扔之。故失道而後德，失德而後仁，失仁而後義，失義而後禮。夫禮者，忠信之薄，而亂之首；前識者，道之華，而愚之始。是以大丈夫處其厚，不居其薄；處其實，不居其華；故去彼取此。

【譯意】上德的人，一切依道而行，無心施德，所以反而有德；下德的人，造作設施，有心施德，所以反而沒有德。上德的人，順應自然，既無所作為，也無心於作為，上仁的人，雖有作為，但都是出於愛心，是無所為而為。上義的人，凡事都要計較曲直是非，一切作為，都是有所為而為。上禮的人，造作各種禮儀節度，並親身實行，如果得不到回應，便伸出手臂來，強拉人來行。所以道不能行了然後才有德，德不能行了然後才有仁，仁不能行了然後才有義，義不能行了然後才有禮。由道演變到禮，越變離道越遠，越變越失其純真質樸。而禮的產生，是人性由淳厚趨於澆薄的表現，社會由平靜進入混亂的開始。而那些自認為先知先覺的智者，違道離德，棄樸失真，則是大道的末流，愚昧的本源。所以大丈夫立身處世，以忠信為主，而不重視禮節；以質樸為本，而不注意華采。所以捨棄澆薄浮華，而取用淳厚質樸。

【解析】「上德不德，是以有德；下德不失德，是以無德。」「上德」，指上德的國君。下文「下德」、「上仁」、「上義」、「上禮」，也都是指國君而言。「不德」是不施德、不自以有德的意思。「不失德」是有心施德、自以為有德的意思。「上德」和「下德」的分別，在於有心於德和無心於德，其結果是一個有德，一個無德。第二章說：「夫唯弗居，是以不去。」第七章說：「非以其無私耶？故能成其私。」正可以說明這個道理。

「上德無為而無以為，上仁為之而無以為，上義為之而有以為。」「無為」，無所施為的意思，指表現而言。「無以為」，無心作為的意思，指居心而言，這句是說上德的人既無所作為，也無心於作為，徹頭徹尾順應自然。在這一句的下面，「上仁」句的上面，王弼本原有「下德為之而有以為」一句，和上下文的文意有點矛盾，後人雖把「為之」改作「無為」，還是不十分通暢，現在看到《帛書老子》篆本和隸本都沒有這一句，才知道王弼本這一句是多出來的，現在依據《帛書老子》把它刪掉。「為之」，有所作為的意思。上仁立教施化，這是有為，比無為要低一層，但上仁至誠無妄，全沒有一點私心，所以雖有作為，也是無心作為。上仁和上德的分別，就在於「有為」和「無為」。「有以為」，有心作為的意思。「義」是合宜的意思，行其所當行，為其所當為，叫做合宜，但什麼是當行，什麼是當為，在行為之前，自己必定已經有了一個準則，如此說來，這該是有所為而為了。上義和上仁的分別，就在於「無以為」和「有以為」。

「上禮為之而莫之應，則攘臂而扔之。」「應」是響應的意思。「莫之應」是「莫應之」的倒裝。「攘臂」，舉臂的意思。「扔」，引的意思。上禮的國君造作各種禮儀節度，教人實行，如果沒有人響應，便要舉臂伸手強拉人來行。

「夫禮者，忠信之薄，而亂之首；前識者，道之華，而愚之始。」「忠信」，質樸的意思。「薄」，衰薄的意思。禮的表現在於盤旋揖讓、應對進退，這些都是外表的文飾，這些繁文縟節流行了，那麼人的質樸的本性就湮沒了，而虛偽巧詐也就產生了。所以說是「忠信之薄，而亂之首。」「前識」，相當於「先知先覺」，指智者而言。「華」，對「實」而言，表、末的意思。自以為先知先覺的智者，任智取巧，違離道本，實在是愚昧的根源。所以說「道之華，而愚之始。」

「是以大丈夫處其厚，不居其薄；處其實，不居其華；故去彼取此。」「大丈夫」，指從事於道的人，和《孟子》書中的大丈夫不同。「厚」，指「忠信」。「薄」，指「禮」。「實」，指「道」。「華」，指「智」。「彼」指「薄」和「華」，「此」指「厚」和「實」。這是說從事於道的人抱守純厚的本質，不要浮華的禮節；緊守質樸的大道，不要虛偽的智巧。所以捨棄禮智的浮華，取用道德的厚實。

【說明】本章在論道德修養。老子把道德修養分成六等，那就是道、德、仁、義、禮、智。合於「道」的社會當然最好，在那個社會中，人人不識不知，無私無欲，無為無事，一切順自然而行。等到「道」失去以後，於是而有「德」，於是而有「仁」，一直到「禮」和「智」。在一般人看來，這是進步；但在老子看來，這卻是退步、墮落。當社會墮落到需要用「禮」和「智」來維繫的時候，禍亂蠭起，詐偽叢生，已經是不堪設想的地步了，但誰會想到今天的社會，「禮」、「智」也已失去其作用，而必須求之於法令刑賞，甚至連法令刑賞都不足以維繫了。回顧過去，瞻望未來，真是令人不寒而慄。

第三十九章

昔之得一者，天得一以清，地得一以寧，神得一以靈，谷得一以盈，萬物得一以生，侯王得一以為天下貞。其致之，天無以清將恐裂，地無以寧將恐發，神無以靈將恐歇，谷無以盈將恐竭，萬物無以生將恐滅，侯王無以貴高將恐蹶。故貴以賤為本，高以下為基。是以侯王自謂孤、寡、不穀，此非以賤為本邪？非乎？故至譽無譽。不欲琭琭（ㄌㄨˋ lù）如玉，珞珞（ㄌㄨㄛˋ luò）如石。

【譯意】「道」是天地萬物生成的總原理，「一」是「道」所生，它也可以代表「道」。自古以來，凡是得到「一」的，其情形是這樣的：天得到「一」因而清明，地得到「一」因而寧靜，神得到「一」因而虛靈，谷得到「一」因而充盈，萬物得到「一」因而化生，侯王得到「一」因而成為天下的典範標準。這些都是由於得到「一」才有的。天不能清明，恐怕就要崩塌；地不能寧靜，恐怕就要覆滅；神不能虛靈，恐怕就要消失；谷不能充盈，恐怕就要枯竭；萬物不能生長，恐怕就要絕滅；侯王不能成為天下典範標準，恐怕就要顛覆滅亡。貴以賤作為根本，高以下作為基礎，因此，侯王們自稱「孤」、「寡」、「不穀」，以示謙下，這不是貴以賤為根本嗎？難道不是嗎？所以世上最好的稱譽就是沒有稱譽，因為有了稱譽，毀謗也就隨之而來了。不要像美玉一樣的璀璨明亮，受人重視；而要像石頭一樣的暗淡無光，為人忽視。

【解析】「昔之得一者。」「一」是數目的開始，「道」是萬物的本根，所以老子用「一」來比喻「道」。二十二章說：「聖人抱一為天下式。」「抱一」就是抱道，這裡的「得一」也就是得道。

「谷得一以盈，萬物得一以生，侯王得一以為天下貞。」「谷」，本指山谷，引申指一切河川。「侯王」，指君主。「貞」，解作「正」，表率、準則的意思。

「其致之。」「其」指「一」。「之」，此的意思，指清、寧、靈、盈、生、貞。這句是說天能清、地能寧、神能靈、谷能盈、萬物能生，侯王能為天下貞，都是「一」使其如此。

「天無以清將恐裂，地無以寧將恐發，神無以靈將恐歇。」「無以」，不能的意思。

「裂」，崩裂、崩塌的意思。「發」，就是「廢」，崩毀的意思。「歇」，消失的意思。

「侯王無以貴高將恐蹶。」「貴」，顯貴的意思，對「賤」而言。「高」，崇高的意思，對「下」而言。「蹶」，顛仆的意思，這裡指失去侯王的地位。

「故貴以賤為本，高以下為基。」「故」，發語詞，和「夫」同。「貴」和「賤」，「高」和「下」都是相對而成，我之所以高貴，那是由於別人的賤下，如果沒有別人的賤下，我如何高貴得起來？明瞭這個道理，高貴者也就不必驕傲了。再者，高貴的究竟占少數，賤下的究竟占多數，就好像塔尖只有一個，而這一個塔尖是由下面很多層疊起來的。第一名只有一個，而這一個第一名是由二、三、四直至最後一名抬起來的，如果高貴的瞧不起甚至欺凌賤下的，那不是等於塔尖不要塔底，第一名不要以後名次的人一樣的可笑嗎？

「是以侯王自謂孤、寡、不穀，此非以賤為本邪？非乎？」「孤」，孤獨無德的意思。「寡」，寡德之人的意思。「穀」，解作「善」，「不穀」，不善的意思。「孤」、「寡」、「不穀」，都是古代君主表示謙虛，用來稱自己的。這是以謙虛為懷的表現，也就是「以賤為本」的意思了。

「故至譽無譽。」「至譽」，最好的讚譽。這句是說最好的稱譽就是沒有稱譽。因為老子既不主張有賢名，同時受到稱譽的也未必是最好的，以國君為例，第十七章說：「太上，下知有之；其次，親而譽之。」受到稱譽的國君反而在沒有受到稱譽的國君之下。就以玉和石為例，人人都讚美玉，都漠視石頭，但石頭的價值遠超過玉，所以下文老子說：「不欲琭琭如玉，珞珞如石。」又「至譽無譽」這一句，王弼本原作「故致數輿無輿」，意思很難懂。「致」當是「至」的錯字，《帛書老子》隸本就作「至」。「數」是多出來的字。「輿」當是「譽」字的錯字。現在參考前人的說法，改作「故至譽無譽」。

「不欲琭琭如玉，珞珞如石。」「琭琭」，玉美的樣子。「珞珞」，石頭堅固的樣子。老子惡「貴」、重「賤」，而玉貴石賤，所以不欲「琭琭如玉」為人所貴，而欲「珞珞如石」為人所賤。

【說明】本章在說明「一」字的重要，並進而說明侯王「抱一為天下式」，應特別注意謙下退讓。「一」是道所生，所以「一」可以代表道。它是絕對的，也是唯一的，莊子說它由「無」而生（《莊子．天地》），那麼未有天地萬物之前就有了它。天地萬物都是由於得到了它，才能成其偉大，侯王也是由於得到了它，才能成就其高貴。但是任何高貴的事物，都是紮根、奠基於賤下的事物之上的，如果沒有賤下做基礎，也就沒有所謂的高貴了。明瞭這個道理，侯王就應該謙下退讓，自處於卑賤，做一個沒有稱譽的國君，就像暗淡無光的石頭一樣，這樣才是一個真正有價值的君主，也才能永保其祿位。

第四十章

反者道之動；弱者道之用。天下萬物生於有，有生於無。

【譯意】 道的運行反覆循環，道的作用柔弱謙下，「無」是道之體，「有」是道之用。天下萬物是從「有」而產生的，而「有」卻產生於「無」。

【解析】「反者道之動。」「反」字的意義有三：一是相反相成，二是反向運動，三是循環反覆。試分別說明於下：

1. 相反相成。老子以為道體自身獨立超然，而宇宙一切現象，都是由相反對立的形態所構成，有美就不能沒有醜，有善就不能沒有惡，所以老子說：「天下皆知美為美，斯惡矣；皆知善之為善，斯不善矣。」（第二章）道德經裡的相對詞特別多，前面已經列舉（見第二章解析），這裡不再多說。宇宙萬物固然相反對立，也相輔相成，所以老子說：

「善人者，不善人之師；不善人者，善人之資。」（二十七章）善人是不善人的老師，不善人是善人的借鏡，這不正是相反相成嗎？矛和盾是對立的，但沒有矛，盾就失去作用了。以貓和鼠為例，貓的價值在捕鼠，假定世界上的鼠都死光了，貓也就失去牠的價值了。所謂「狡兔死，走狗烹；飛鳥盡，良弓藏。」就是這個道理。

2.反向運動。宇宙間萬事萬物固然無不相反對立，但老子卻特別重視負面的、反面的價值。因為在萬事萬物的變化中，剛的必定遭到摧毀，強的必定受到挫折，所謂「堅則毀矣，銳則挫矣。」（《莊子．天下》）所謂「兵強則不勝，木強則兵。」（七十六章）。而柔弱的反而能夠得以生存，所謂「曲則全，枉則直，窪則盈，敝則新。」（二十二章）就是這個道理。由此可知，負面的反而勝過正面的，柔弱的反勝過剛強的。所以老子說：「柔弱勝剛強。」（三十六章）又說：「牝常以靜勝牡。」

3.循環反覆。「相反相成」、「反向運動」，固然是宇宙萬物生成變化的法則，但這個法則的極致，還在於「循環反覆」，而「反者道之動」這句話的精神就在於此，因為道的運動，就是反覆不已的，老子曾說：「有物混成，先天地生。……大曰逝，逝曰遠，遠曰反。」（二十五章）正因為道周流不息，回運不已，才能成就綿延不盡的生命，也才能成為萬物依循的常軌。宇宙萬物由道所創生，最後也要返回他們的本源——道。這就好像是花葉由根而生，最後復歸於根；浪濤由水而成，最後復歸於水。十六章說：「夫物芸芸，各復歸其根。歸根曰靜，是謂復命。復命曰常。」萬物「歸根」，也可以說是回復於本性，這種活動，正是大道運行的常軌。循環反覆既然是一種自然律，是萬物共同遵守的法則，人世間的一切，自然也不能例外，所以老子說：「禍兮福之所倚，福兮禍之所伏。」（五十八章）又說：「正復為奇，善復為妖。」（同上）儒家所謂「剝極必復」、「否極泰來」，和這個是同樣的道理。這是宇宙的奧祕，也是不變的常軌。

「弱者道之用。」「弱」是柔弱的意思，這裡代表所有負面的、反面的，如虛、靜、卑、下、曲、枉、窪、敝、辱、黑、退、後等。這句話和上句「反者道之動」第二層「反向運動」的意思相通，「道之動」是就作用的方式而言，「道之用」是就作用的性質而言，這是二者不同的地方。在天上以風最為柔弱，遇到阻礙就轉向，再小的孔隙也能屈身通過，但卻能拔樹倒屋，所向披靡。在地下以水最為弱柔，決諸東方則東流，決諸西方則西流；在方則方，在圓則圓，但卻能懷山襄陵，無堅不摧。在人間以嬰兒最為柔弱，混沌無知，毫無自衛能力，但卻是生機充沛，「蜂蠆虺蛇不螫，攫鳥猛獸不搏。」並且能使得人人喜愛他、保護他。自然界和人世間的情形都是如此，由此當可明瞭「弱者道之用」的精神所在了。所以老子說：「柔弱勝剛強。」（三十六章）又說：「天下之至柔，馳騁天下之至堅。」（四十三章）又說：「天下莫柔弱於水，而攻堅強者莫之能勝。」（七十八章）因為弱是道之用，柔弱能夠勝剛強，所以老子要人守柔處弱，教人謙下退讓。以柔克剛，以弱勝強，以謙下得益，以退讓居先。他說：「守柔曰強。」（五十二章）又說：「將欲歙之，必固張之；將欲弱之，必固強之；將欲廢之，必固舉之；將欲奪之，必固與之。」（三十六章）又說：「知其雄，守其雌，為天下谿；知其白，守其黑，為天下式；知其榮，守其辱，為天下谷。」（二十八章）又說：「後其身而身先，外其身而身存。」（第七章）這類文字，《老子》書中處處皆是，真是舉不勝舉，這些文字可以說是《道德經》全書的骨幹，而這些文字的樞紐，就是「弱者道之用」一句話，由此可知這一句話在老子思想中的重要性了。

「天下萬物生於有，有生於無。」老子書中同時提到「有」和「無」的文字，一共有四章，它們是第一章「無，名天地之始；有，名天地之母。」第二章「有無相生。」十一章「故有之以為利，無之以為用。」以及本章。第二章「有無相生。」只是說明「有」和「無」兩個概念是相對而生，和難易、先後等詞相當，並沒有特殊意義。十一章「有之以為利，無之以為用。」也只在說明「無」的作用較「有」為大而已，也沒有特殊的意義。要想了解「有」、「無」兩個字的意義，只有從第一章和本章，再參考相關的各章來探索。「有」和「無」的問題值得探索的共有三個：一、「有」和「無」究竟是什麼？二、兩者和道有什麼關係？三、兩者之間的關係如何？也就是說「無」怎麼能生「有」？問題雖分三個，實際上是互相有牽連的。現在分別說明於下：

1.「有」和「無」究竟是什麼？「有」是萬物的根本，「無」比「有」還要高一層，「無」是宇宙的本源，第一章說：「無，名天地之始。」《莊子．天地》說：「泰初有無，無有無名。」都可以作為證明。「無」並不是物質，但也不是「空無所有」。以前的人都不敢把「無」解成數學上的「０」，認為「０」是空無所有。其實「０」在數學上也是一個數，並非空無所有，數學上的空無所有是「空集合」，不是「０」。「無」就相當於數學上的「０」。「０」是數學上的第一個數，１２３等都是它的繼數，「無」的上面也沒有任何東西，而宇宙萬物則從其中繁衍而出，所以「無」就相當於數學上的「０」。

2.「無」、「有」和道的關係。「無」和「有」合起來是道的全部，老子形容道的時候，一再說「是謂惚恍」（十四章）「惟恍惟惚，惚兮恍兮，恍兮惚兮。」（二十一章）其原因就在這裡。不過，就層次來說，「無」的層次要高於「有」，因為宇宙的根源，總不能有兩個啊！所以我們說「無」是道的本體，「有」是道的作用。當道是靜態的時候，它是「無」，一動而有創生作用的時候，那就是「有」了。

3.「無」和「有」的關係。本章說：「有生於無。」最能說清「有」和「無」的關係。大家一定要問：「『無』怎麼能生『有』呢？」這個問題，可以引《莊子》書中的一段話來說明。《莊子．知北遊》說：「有先天地生者物邪？物物者非物，物出不得先物也，猶其有物也。猶其有物也，無已。」這段話譯成口語是這樣的：「有在天地之先就生出來的物嗎？沒有，創生物它的本身絕不是物，物出生之前不能再有物。因為物出生之前如果有物的話那還是物啊，如果那還是物，這樣推衍上去，就沒有窮盡了。」這裡假定天地是第一個物，那麼，生天地的一定不是物，如果還是物的話，那就說不通了。生天地（物）的不是物，那一定是「非物」了。依此類推，生人的一定不是人。這話乍聽起來嚇人一跳，但仔細一想，實在是很有道理。因為假如說生人的是人的話，這問題根本就沒有解決，因為那還是人啊！我們的問題是生第一個人的是什麼，答案是「不是人」，既然是「不是人」，當然是「非人」了。依達爾文的「進化論」的說法，人是由猿猴變來的，依基督教的說法，人是由上帝創生的。無論是猿猴變的也罷，上帝創造的也罷，那都不是人，而都是「非人」，這問題不就解決了嗎？現在再回到我們的本題，天下萬物是從「有」出生的，那麼，「有」從哪裡來的呢？當然是從「非有」而來，這「非有」就是「無」了，如此，豈不是證明了「有生於無」了嗎？

【說明】本章旨在說明道體、道動和道用。道動、道用是相通的，因為道一動就顯出用來。天地萬物的化生，就是「道之動」和「道之用」，而道體有賴於道動和道用，才能顯示其存在。不過道動和道用都是由道體生出來的，沒有道體，就沒有道動和道用了。這就是三者的關係。

有關於道動的「反」和道用的「弱」，《老子》書中處處可見，但有關於道體的「無」，以及「有」和「無」的關係，書中雖也有提及，意思卻都不夠清晰。本章「有生於無」一句話，把「有」和「無」的關係說得清清楚楚，使我們了無疑惑，這是本章最重要的地方。有了「有生於無」這一句話，老子的思想才顯得深不可測，無垠無限，才能探索不盡，而能滿足人的智慧。而「下游」的無為、無事、無智、無知、無欲、無私、無我等，才能有一個基礎。

第四十一章

上士聞道，勤而行之；中士聞道，若存若亡；下士聞道，大笑之，不笑不足以為道。故建言有之：「明道若昧，進道若退，夷道若類。上德若谷，大白若辱，廣德若不足。建德若偷，質德若渝。大方無隅，大器晚成，大音希聲，大象無形，道隱無名。」夫唯道，善貸且成。

【譯意】道是無處不在的，一個人是否能了解道，要看他的才質而定。上士聽見了道，曉得道偉大而真實，所以便努力不懈地去實行。中士聽見了道，由於識見不足，認道不清，所以覺得道似有似無、似真似假；下士聽見了道，由於識見淺薄，根本不曉得道是什麼，所以便大笑起來，以為荒唐不經，一派胡言。其實正因為下士大笑，才顯得道的高深，如果他不笑，這道也不能算做道了。所以，古時候立言的人說的好：明道的人內含光潔，看起來好像是很昏暗似的。進道的人，謙沖自牧，看起來好像是後退似的。道很平坦，容易知、容易行，看起來好像是崎嶇不平似的。上德的，謙虛卑下，好像是深谷似的。具有剛健之德的人，遇事退藏，好像怠惰不振似的。具有質實之德的人，毫不表現，好像空無所有似的。最大的方形沒有邊角，最大的器具沒有形狀。最大的聲音聽不到，最大的形象看不到，大道隱微，沒有名稱。只有道，善於創生萬物，並且使萬物長成。

【解析】「上士聞道，勤而行之；中士聞道，若存若亡；下士聞道，大笑之。」「上士」、「中士」、「下士」，固然是由才智的高低來分，但也兼指他們對道嚮往的程度而言。上士對道嚮往殷切，所以聞道之後，能勤而行之。中士則信道不篤，所以聞道之後，疑信參半，若有若無。下士根本不信道，所以聞道之後，發出大笑。「之」，都是指道。「若存若亡」，就是「若有若無」。「不笑不足以為道。」因為道很隱微淵深，而下士才智卑下，當然不懂。發出大笑，是應該的事。若下士聞道而不笑，點頭稱善，這個道必定是很低下的道，那也不能算做是什麼道了。

「故建言有之。」「建」，立的意思。「建言」，就是立言。「之」，指由「明道若昧」到「道隱無名」十三句話。

「明道若昧。」「昧」，昏暗的意思。這是說得道之士內含光明（智慧）而不外射，外表卻暗淡無光。這是由於「光而不燿。」（五十八章）這也是「大智若愚」的表現。

「進道若退。」得道之士謙退自守，與世無爭，這是「若退」，但「以其不爭，故天下莫能與之爭。」（六十六章）這是「進道」。第七章：「後其身而身先，外其身而身存。」三十四章：「以其終不自為大，故能成其大。」都是「進道若退」的表現。

「夷道若類。」「夷」，平的意思，「類」和「夷」相反，不平的意思。五十三章說：「大道甚夷，而民好徑。」老子的道，易知易行，只是人都喜歡抄捷徑、走小路，所以反而覺得它阻滯難行了。「類」，王弼本原作「纇（ㄌㄟˋ lèi）」，《帛書老子》篆本和隸本都作「類」，所以依據《帛書老子》改作「類」。

「上德若谷。」「谷」深而虛，比喻謙虛能容。這是說上德之人，為人謙下，虛懷若谷。

「大白若辱。」「大白」，指操守非常潔白的人。「辱」，汙濁的意思。這句是說大潔白的人，表現和光同塵，好像汙濁的人，而不彰顯其德。

「廣德若不足。」「廣德」，指有盛德的人，就是上文的「上德」。這句是說德越高的人表現越謙卑。從前孔子的六世祖正考父，第一次受命為士，低頭鞠躬，第二次受命為大夫，彎腰曲背，到了第三次受命為卿，身體整個俯了下來。每受一命就表現得更恭謹一層。有德的人，德越高而越謙下，情形也是如此。

「建德若偷。」「建」和「健」同，剛健的意思。「建德」，就是有剛健之德的人。「偷」，怠惰的意思。這句是說有剛健之德的人，看起來好像懶惰不振似的。

「質德若渝。」「質」，實的意思。「質德」，就是有真實之德的人。「德」，王弼本原作「真」，意思很不通順，很多人認為是「德」字的錯字，頗有道理，所以改作「德」。「渝」和「窬」同，空的意思。這句是說有質實之德的人，看起來好像是空虛無德似的。和前文「上德若谷」的意思相同。

「大方無隅。」「隅」是角，引申為邊的意思。凡是方形都有角有邊，但最大的方形無法窮盡，它的邊看不到，那不是和沒有邊一樣。就以宇宙為例，誰知道時間（宙）始於何時，終於何時？誰又知道空間（宇）起於何處，迄於何處？這不是等於無邊無際嗎？

「大器晚成。」「大器」，比喻「道」。「晚」，不解作「早晚」的「晚」，而作「免」講，《帛書老子》隸本就作「免」字，「無」的意思。「成」，定的意思。「晚成」，就是沒有固定的形狀、用途。以水為例，在方為方、在圓為圓，而它的用途不可勝數，這就是「大器晚成」了。《禮記・學記》說：「大道不器。」和這個意思相同。孔子說：「君子不器。」（《論語・為政》）雖然指的是人，但是其不限於一用，還是相同的。

「大音希聲。」「希」，就是二十三章「希言」的「希」，無的意思。「希聲」，就是沒有聲音。據科學家說，宇宙間最大的聲音，人是聽不到的，如果把這種聲音縮小千萬分之一，人的耳膜都會立刻被震聾。由此看來，「大音」的確是「希聲」的。

「大象無形。」「大象」，最大的形象，指「道」而言，和三十五章「執大象，天下往」的「大象」意思相同。以天為例，可以說是最大的形象了，但是誰能知道天的形象是怎樣一個情形呢？以上「大方」、「大器」、「大音」、「大象」，都是比喻「道」。

「道隱無名。夫唯道，善貸且成。」「貸」，施與的意思。「成」，完成的意思。「善貸且成。」是說「道」不僅創生萬物，並且使萬物長養完成。

【說明】七十八章說：「正言若反。」本章就在說明道的內在和外在完全相反，底蘊和現象完全異趣，所謂「明道若昧，進道若退，夷道若纇」就是了。老子說：「良賈深藏若虛，君子盛德容貌若愚。」（《史記．老莊申韓列傳》）就是這種精神的表現。這種精神，只有上士能夠明瞭，所以他們聞道，能勤而行之，至於下士之徒，淺俗愚妄，聞道而大笑，終身也沒有見道的希望，遑論得道。

第四十二章

道生一，一生二，二生三，三生萬物。萬物負陰而抱陽，沖氣以為和。人之所惡（ㄨˋ wù），唯孤寡不穀，而王公以為稱。故物或損之而益，或益之而損。人之所教，我亦教之，強梁者不得其死，吾將以為教父。

【譯意】道是萬物化生的總原理，萬物化生的程序，是由這個總原理的道生出一種氣，這種氣又化分成陰陽兩氣，陰陽兩氣交合，於是產生了和氣。陰陽兩氣這樣不斷地交合，不斷創生，於是便繁衍成萬物了。萬物稟賦著陰陽二氣，這陰陽二氣互相激盪而生成新的和氣，以調和養育萬物。一般人所厭惡的，就是「孤」、「寡」、「不穀」，但是國君們反而用來稱呼自己。所以任何事物，表面上看來受損，而實際上卻是得益；表面看來得益，而實際上卻是受損。國君們知道這個道理，所以寧願自損，自稱「孤」、「寡」、「不穀」。

有一句話，古人拿來教誨人，我也拿它來教誨人，這句話就是金人銘上所說的「剛暴的人是不得好死的。」我就拿這句話作為教人的基本道理。

【解析】「道生一。」「一」，就是三十九章「天得一以清，地得一以寧」的「一」，也就是二十二章「聖人抱一為天下式」的「一」。《莊子．天地》說：「泰初有無，無有無名，一之所起，有一而未形。」莊子說無生一，老子說無生有（四十章），這裡老子說道生一，由這三處的說法，可知「道」就是「無」，「一」就是「有」。「道生一」就是「無生有」。不過，這個「一」並不是有形的物體，因為莊子說：「有一而未形。」（《莊子．天地》）以理氣二者來說，「道生一」就是理生氣。這氣就是陰陽未分時的「一氣」。

「一生二，二生三，三生萬物。」「二」，指陰陽二氣。「道」生混然一氣，這是「道生一」。混然一氣化分成陰氣和陽氣，這是「一生二」。陰陽二氣交合而生和氣，這是「二生三」。「三」，就是陰氣、陽氣與和氣。和氣既生，如此陰陽二氣不斷地交合，不斷地創生，於是便形成萬物。這就是「三生萬物」。

「萬物負陰而抱陽，沖氣以為和。」「沖」，激盪的意思。「和」就是和氣，萬物具陰陽二氣而生，所以說：「負陰而抱陽。」這陰陽二氣相激相盪，於是產生了和氣，所以說：「沖氣以為和。」

「人之所惡，唯孤寡不穀，而王公以為稱。」「孤」、「寡」、「不穀」的解釋，見三十九章。「稱」，名詞，稱呼的意思。三十九章說：「只以侯王自謂孤、寡、不穀。」所以說：「王公以為稱。」

「故物或損之而益，或益之而損。」「損」和「益」是相對詞。這句是說表面受損而實際得益，表面得益而實際受損。五十八章說：「禍兮福之所倚，福兮禍之所伏。」正是這個道理。侯王自稱孤、寡、不穀，表面似乎受損，而實際上卻得益無窮。

「人之所教，我亦教之。」「所教」和「教之」，都是指下句「強梁者不得其死。」

「強梁者不得其死，吾將以為教父。」「強梁」，剛強的意思。「不得其死」，是說不得善終。孔子的學生子路剛強好勇，孔子就說過他「不得其死」，後來果然死於刀兵，被斬成肉醬。「父」，本、始的意思。「教父」就是施教的根本。「強梁者不得其死。」這一句話出於周代的金人銘，老子引來戒人逞強爭勝。

【說明】本章旨在說明道創生萬物的次序。這個次序就是「道生一，一生二，二生三，三生萬物。」萬物創生以後，還要守住道的精神，依道而行。這個精神就是柔弱。因為剛強者不得其死，柔弱者才能得生。所以守柔才是真正的強者。

第四十三章

天下之至柔，馳騁（ㄔㄥˇ chěng）天下之至堅，無有入無間。吾是以知無為之有益。不言之教，無為之益，天下希及之。

【譯意】天下最柔弱的東西，能夠駕御天下最堅強的東西。「無有」是最柔弱的了，卻能夠進入毫無孔隙的堅強的實體，像水能滴穿巨石，電能透過鋼鐵，就是最好的例子。道也是虛無的，卻是萬物的主宰。我因此知道無為的益處。不言的教誨、無為的益處，天下很少有東西能夠及得上的。

【解析】「天下之至柔，馳騁天下之至堅，無有入無間。」「馳騁」，驅使，克服的意思。「無有」，指虛無柔弱的東西，如水、氣等。「無有」是應上文的「至柔」。「無間」，指堅強實在的東西，如金、石等。「無間」是應上文的「至堅」。如電能透過金石，風能穿過肌膚，這就「無有入無間」，也是「天下之至柔，馳騁天下之至堅」的實例。

「不言之教，無為之益，天下希及之。」「希」，少的意思。「不言」最柔，「無為」最弱，但不言、無為的結果，卻無物不化、無事不為，這就是「馳騁天下之至堅」。所以說：「天下希及之。」

【說明】 本章旨在說明「柔弱」和「不言、無為」的益處。至柔馳騁至堅，無有入無間，是自然界常有的現象，「不言」、「無為」則是人生處事的原則。「不言」最柔，「無為」最弱，但不言、無為的結果，卻是無事不為，無物不化，豈不是和「馳騁天下之至堅」一樣嗎？

第四十四章

名與身孰親？身與貨孰多？得與亡孰病？是故甚愛必大費，多藏必厚亡。知足不辱，知止不殆，可以長久。

【譯意】身外的聲名和生命比起來，哪一個親切呢？身外的財貨和生命比起來，哪一個重要呢？得到聲名、財貨，和失去生命，哪一個對我有害呢？所以愛聲名過甚，損耗的一定很多；藏財貨太多，丟掉的也一定很重。只有知道滿足，才不會受到汙損；只有知道適可而止，才不會產生危殆。這樣，身體才可以久安，生命才可以長存。

【解析】「名與身孰親？身與貨孰多？」「名」指聲名，「身」指身體、生命。「親」，親近，引申有重要的意思。「貨」指財貨。「多」，重的意思。不用「重」而用「多」，是為了要和「貨」字叶韻。這兩句是問名、利和身體對人來說，哪一個比較重要？答案當然是身體重要，因為名、利究竟是身外之物。俗語說：「留得青山在，不怕沒柴燒。」就是這個意思。

「得與亡孰病？」「得」是說得名與貨，「亡」是說亡去身體，「病」是害的意思。修道的目的在養生修性，而名、利對生、性不僅沒有好處，而且還有害處，如果為了獲得名、利，而喪失生、性，那何止是捨本逐末！

「甚愛必大費，多藏必厚亡。」「愛」指名而言，「藏」指利而言。「愛」指心理方面，「藏」指行為方面。「費」和「亡」都是指「身」而言。因為過分地愛名貪利，必定拚命地去追逐爭取，甚至犧牲生命亦在所不惜，這不是「大費」、「厚亡」嗎？

「知足不辱，知止不殆，可以長久。」「知足」是心理上的節制，「知止」是行為上的節制。「知足」是承上文「甚愛」而言，「知止」是承上文「多藏」而言。「辱」是汙辱、損害的意思，「殆」是危險的意思。「不辱」、「不殆」是承上文「大費」、「厚亡」而言。求名本來是為了顯榮，但愛名太過則可能招來汙辱；求利本來是為了享受，但藏利太多則可能招來危險。醫治的方法，只有在心理上知足，行為上知止。知足才能免於受辱，知止才能免於危殆。這樣才可以長生久安。

【說明】 本章旨在教人愛惜身體、重視生命，不要過分地追求名利。因為名利是身外之物，若得到名利，失去生命，那是得不償失的。可是一般人往往不能了悟這個道理，而「貪夫殉財，烈士殉名。」（賈誼〈鵬鳥賦〉）所以拯救的方法，就在知足、知止，從心理、行為兩方面雙管齊下，這樣才可以獲得長生而久安。

第四十五章

大成若缺，其用不弊，大盈若沖，其用不窮。大直若屈，大巧若拙，大辯若訥（ㄋㄚˋ nà）。靜勝躁，寒勝熱，清靜以為天下正。

【譯意】最完滿的東西，看起來好像有欠缺似的，但是它的作用卻永不衰竭。最充實的東西，看起來好像很空虛似的，但是它的作用卻永不窮盡。最直的東西，看起來好像彎曲似的。最巧的東西，看起來好像笨拙似的。最大的辯才，看起來好像說話遲鈍似的。清靜克服躁動，寒冷克服炎熱，能夠執守清靜無為之道的人，自然可以作為天下人的楷模。

【解析】「大成若缺，其用不弊。」「成」，完滿的意思，「大成」是說最完滿的東西，指道體而言。下文「大盈」、「大直」、「大巧」、「大辯」的意思相同。「缺」，欠缺的意思。「若缺」，是說表面看起來好像不完備似的。這是指道的形象而言。下文「若沖」、

「若屈」、「若拙」、「若訥」都是如此。因為道隨物而成，沒有一定的形象，所以說「若缺」。「弊」，盡的意思。「不弊」就是下文的「不窮」，都是指道的作用而言。

「大盈若沖，其用不窮。」「盈」，滿的意思。「沖」和「盈」相反，空虛的意思。天地萬物無不是從道而生，所以說「大盈」，但是道卻沒有任何形象，所以說「若沖」。

「大直若屈，大巧若拙，大辯若訥。」「屈」，委屈、彎曲的意思。「訥」，說話遲鈍的意思。以水為例，水最平，所以稱「水平」，但水卻是球面的，這豈不是「大直若屈」。以地為例，地無物不生，但不見其事，僅見其功，這豈不是「大巧若拙」。以天為例，「天網恢恢，疏而不失。」（七十三章）天道循環，報應不爽，這豈不是「大辯若訥」。

「靜勝躁，寒勝熱，清靜以為天下正。」「正」，準則、模範的意思。由於清靜能夠克制躁動，所以說清靜能作為天下的準則。五十七章說：「我無為而民自化，我好靜而民自正，我無事而民自富，我無欲而民自樸。」都在說明清靜可以治理天下。又「靜勝躁，寒勝熱」兩句，王弼本原作「躁勝寒，靜勝熱。」意思很不通暢，因為老子並不主張「輕躁」，二十六章說：「重為輕根，靜為躁君。」就是證明。再說，「躁勝寒」和下文「清靜以為天下正」也互相矛盾，所以有人認為這兩句應作「靜勝躁，寒勝熱。」是否正確，不得而知，但比原文要通暢得多，所以就依據這個說法改作「靜勝躁，寒勝熱。」

【說明】本章旨在說明道體和道象，而歸結於「清靜」二字。清是清虛，靜是寂靜，道體雖清虛寂靜，但其作用卻能勝躁制動，所謂無為而無不為。修道的人能夠善體清靜，無為無事，順應自然，就可以作為天下的表率。

第四十六章

天下有道，卻走馬以糞；天下無道，戎馬生於郊。禍莫大於不知足，咎莫大於欲得。故知足之足，常足矣。

【譯意】天下有道的時候，人人知足、知止，國與國之間和平相處，戰爭絕跡了，戰馬也沒有用了，只好用來耕田；天下無道的時候，人人逐利爭名，貪欲無厭，國與國之間戰爭不斷，兵連禍結，所有的馬都用來作戰，母馬都得要在戰場上生產。由此看來，天下的災禍，沒有比不知足更大的了；天下的罪過，沒有比貪得更大的了。所以只有知足的這種滿足，才是永久的滿足。

【解析】「天下有道，卻走馬以糞。」「卻」，止息的意思。「走馬」，善走的馬，可用於戰爭。「糞」，作「糞田」講，引申有耕種的意思。這是說天下有道的時候，四海昇平，戰爭沒有了，戰馬派不上用場了，只好拉去耕種田地。

「天下無道，戎馬生於郊。」「戎馬」就是戰馬，也就是上文的「走馬」。「走馬」是就其能力而言，「戎馬」是就其用途而言。「生」，生產的意思。「郊」，郊野的意思，這裡指戰場。

「禍莫大於不知足，咎莫大於欲得，故知足之足，常足矣。」「咎」，罪過的意思。「欲得」就是上文的「不知足」。一切紛爭的產生，都起於人類的不知足與貪得無厭，孟子說：「爭城以戰，殺人盈城；爭地以戰，殺人盈野。」（《孟子．離婁下》）不知足真是人類的罪魁禍首，而拯救的方法，就在知足。一朝知足，就自然覺得滿足了。

【說明】本章藉「卻走馬以糞」和「戎馬生於郊」兩句，對照地寫出知足和不知足的結果，而勸人知足。「戎馬」通常用公馬，不用母馬，因為公馬身強力壯，奔跑迅速的關係。本章「戎馬生於郊。」這個「戎馬」，當然是母馬，那表示已無公馬可用。母馬上戰場，已可見戰爭的激烈，而現在母馬更在戰場上生產，其激烈之情形，更可想而知。而戰爭之所以如此慘烈，則完全起因於人的不知足，所以老子勸人知足。人人知足，天下就太平了。

第四十七章

不出戶，知天下；不窺牖，見天道。其出彌遠，其知彌少。是以聖人不行而知，不見而名，不為而成。

【譯意】萬事萬物的總原理，並不在遠不可及的地方，它就在我們的心中。我們如果能夠內觀反省，除私去欲，自然清楚。所以不需要走出大門，就可以知道天下的事理；不需要探視窗外，就可以明瞭自然的法則。走出大門越遠，所知道的事理也就越少。所以聖人不外出遠求，天下的事理就可以知道；不觀察外界，自然的法則就可以明瞭，不造作施為，萬物就可以化育生成。

【解析】「不出戶，知天下；不窺牖，見天道。」「戶」，就是門。「牖」，窗子。「天道」，自然之道，真理。這兩句是說天道雖大，不出門也可以知道；天道雖廣，不窺牖也可以見得。因為萬事都有則，萬物都有理，明瞭這個則，知道這個理，那麼事事物物，如網在綱，沒有不清楚的了。《莊子．天地》說：「通於一而萬事畢。」就是這個道理。何況大道無聲無形，視之不見，聽之不聞，搏之不得，而存在於我們心中。我們只要內觀反省，化私去欲，大道自然可見，不必「出戶」、「窺牖」。如果一定要「出戶」、「窺牖」去求，那麼恐怕就要愈求離道愈遠了。

「其出彌遠，其知彌少。」「彌」，更的意思。因為道在心中，如果出門去求，「道在邇而求諸遠，事在易而求諸難」（《孟子．離婁上》），那麼走得越遠，喪失本性越多，其結果必定是所知越少。

「是以聖人不行而知，不見而名，不為而成。」「知」，是說知天下。「不行而知」，應上文「不出戶，知天下。」「名」和「明」同，明白的意思。「不見而名」，應上文「不窺牖，見天道。」「不行而知，不見而名」是知「道」的方法，「不為而成」則是行「道」的方法。

【說明】本章旨在說明了解道的方法，端在心靈的領悟，而不在知識學識的追求。道在心中，而求之身外，那就是南轅北轍了。孔子曾說：「仁遠乎哉，我欲仁，斯仁至矣。」（《論語．述而》）孟子也說：「萬物皆備於我，反身而誠，樂莫大焉。」（《孟子．盡心上》）老子認為「道」在心中，孔子認為「仁」在心中，孟子認為「萬物」皆在心中，都是主張內觀反省，不假外求，真是四海聖人，其心相同、其理相同。

第四十八章

為學日益，為道日損。損之又損，以至於無為。無為而無不為。取天下常以無事；及其有事，不足以取天下。

【譯意】為學，知識欲望就不斷地增加，虛偽詭詐、憂愁煩惱也就隨之而不斷地增加；為道，知識欲望就不斷地減少，虛偽詭詐、憂愁煩惱也就隨之而不斷地減少。減少而又減少，把知識欲望減損盡了，沒有了「為」的意念，最後便到達無為的境地。無為的結果，萬物各得其所、各遂其生，所以可以說是無所不為。治理天下也應該無為，如果有為，就不能治理天下了。

【解析】「為學日益，為道日損。」「益」和「損」是相反詞。「益」是增加的意思，「損」是減少的意思，都是指知識、欲望等而言。知識、欲望增加，虛偽詭詐、憂愁煩惱也隨之而增高，所以老子反對「為學」。二十章說：「絕學無憂。」六十四章說：「學不學，復眾人之所過。」就是證明。和儒家主張「為學」完全不同。至於「為道」則不然，「為道」則能日減知識、欲望，最後能達到無為的境界。

「損之又損，以至於無為，無為而無不為。」「無為」是「為道」的目的，損之又損，知識、欲望損盡，「為」的動機已去，自然到達「無為」的境地。「無不為」是「無為」的效用。因為「無為」，則萬物各得其所、各遂其生，所以其效用是「無不為」。

「取天下常以無事；及其有事，不足以取天下。」「取」，治理的意思，和二十九章「將欲取天下而為之」的「取」字意思相同。「取天下」，就是治理天下。「常以無事」，《帛書老子》隸本作「常無事」，沒有「以」字，意思更為清楚。「無事」就是上文的「無為」，「有事」就是有為。

【說明】 本章旨在說明「無為」的重要。要想達到無為的目的，首先要損知去欲，而不能靠「為學」，「為學」只能增知添欲，不僅不能到達「無為」，還要虛偽百出、憂煩叢生。只有損之又損，內心既清既虛，外在自然無為無事了。

第四十九章

聖人常無心，以百姓心為心。善者吾善之，不善者吾亦善之，德善。信者吾信之，不信者吾亦信之，德信。聖人在天下，歙歙焉；為天下，渾其心。百姓皆注其耳目，聖人皆孩之。

【譯意】　體道的聖人治理國家，常常自己沒有意見，而以百姓的意見為意見。百姓善良的，我固然善待他們；不善良的，我也善待他們，這樣，就人人都歸於善良了。百姓信實的，我信任他們；不信實的，我也信任他們，這樣，就人人都歸於信實了。聖人對天下的人，收斂謙讓；治理天下，質樸無欲，百姓都凝視靜聽，如痴如愚，聖人都把他們當作嬰兒一樣的愛護。

【解析】「聖人常無心，以百姓心為心。」這可以說是老子的民主思想和作法。「無心」，沒有意見，也就是無私、無我的意思。「常無心」，王弼本原作「無常心」，《帛書老子》隸本作「常無心」。「無常心」的意思雖然可以說通，但究竟不如「常無心」的意思清楚而且深刻，所以依據《帛書老子》隸本改作「常無心」。聖人自己沒有意見，而以人民的意見為意見，所以說「以百姓心為心。」

「善者吾善之，不善者吾亦善之，德善。」兩個「善者」的「善」是形容詞，兩個「善之」的「善」是動詞。「德」，得的意思，下文「德信」的「德」，意思相同。這是說無論百姓善良不善良，治政者都善待他們，這樣化不善為善良，而都成為善良的人。二十七章說：「是以聖人常善救人，故無棄人；常善救物，故無棄物。」和本章可以互相說明。

「信者吾信之，不信者吾亦信之，德信。」這是說百姓信實的和不信實的，治政者都以誠信對待他們，這樣化虛偽為信實，而都成為信實的人。

「聖人在天下，歙歙焉；為天下，渾其心。」「歙」，和三十六章「將欲歙之」的「歙」相同，收斂的意思。「焉」是語尾詞，和「然」相同。王弼本原沒有「焉」，只作「歙歙」，可是注說：「歙歙焉心無所主。」《帛書老子》篆本和隸本都有「焉」字，所以就依據《帛書老子》加上「焉」字，意思比較清楚。「為」，治理的意思。「渾」，動詞，渾樸、質樸的意思。「渾其心」就是渾樸其心，也就是「無心」的意思。「其」指聖人自己，不是指百姓，《帛書老子》篆本作「渾心」，尤其顯然可見。

「百姓皆注其耳目，聖人皆孩之。」「注」，專注的意思。「注其耳目」，就是凝視靜聽。「百姓皆注其耳目」，王弼本原沒有這一句，上下文意思連貫不起來，《帛書老子》篆本和隸本都有，所以就依據《帛書老子》增加進去。「孩」，動詞。「孩之」，是說把百姓當作嬰兒看待。

【說明】 本章的重心就在開頭兩句：「聖人常無心，以百姓心為心。」以前一句而言，這是無私無欲的表現；以後一句而言，這是一種民主思想。老子極端反對專制極權，而強調民主思想，這類文字，書中處處可見，如「無狎其所君，無厭其所生。」（七十二章）「治大國，若烹小鮮。」（六十章）「以輔萬物之自然，而不敢為。」（六十四章）「功成、事遂，百姓皆謂我自然。」（十七章）無怪乎嚴幾道要說：「黃老之道，民主之國之所用也。」（《老子道德經評點》）

第五十章

出生入死。生之徒十有三，死之徒十有三，人之生，動之死地，亦十有三。夫何故？以其生生之厚。蓋聞善攝生者，陵行不遇兕（ㄙˋ sì）虎，入軍不被甲兵，兕無所投其角，虎無所措其爪，兵無所容其刃。夫何故？以其無死地。

【譯意】人出世叫「生」，入地叫「死」。人出生後，能夠長壽的，有十分之三；短命夭折的，有十分之三，本來可以長壽，而自己踏入死路的，也有十分之三。這是什麼原因呢？因為奉養太厚，享受太過了。曾聽說過，善於養護生命的人，在深山裡行走，不會遇到犀牛老虎的攻擊，在軍隊中打仗，也不會遭到兵刃的殺傷。犀牛雖凶，對他沒有辦法用牠的角；老虎雖猛，對他沒有辦法用牠的爪；兵器雖鋒利，對他沒有辦法用它的刃。這是什麼原因呢？因為善於養生的人，根本就不進入致死的境地。

【解析】「出生入死。生之徒十有三，死之徒十有三，人之生，動之死地，亦十有三。」「出」，出於世的意思，「入」，入於地的意思。人出世為生，入地為死，所以說「出生入死。」「徒」，類的意思。「生之徒」，是說能夠長壽的人。指自然長壽，不是由於「善攝生」。「十有三」，就是十分之三。「死之徒」，短壽的人。指自然短壽，不是由於「生生之厚」。「動」，妄為的意思。如放縱嗜欲，戕害身心等都是。「人之生，動之死地。」是說有些人本可以長壽，但由於放縱情欲，妄動妄為，終而短命夭折。

「夫何故，以其生生之厚。」「夫」，解作「此」，相當於口語的「這個」。「故」是原因、緣由的意思。「生生」，上面一個「生」字是動詞，下面一個是名詞，養生的意思。「生生之厚」，是說過分地養生，反而戕害了生命。「蓋聞善攝生者。」「蓋」是發語詞，沒有意思。「攝生」，養生的意思。「善攝生者」，指以上三種以外的十分之一的人。

「陵行不遇兕虎，入軍不被甲兵。」「陵」，山陵的意思。王弼本原作「陸」，《帛書老子》篆本和隸本都作「陵」，兕虎都在山中，「陸行」不遇兕虎，是很平常的事，沒什麼特殊意義，作「陵行」較好，所以就依據《帛書老子》改作「陵」。「兕」是犀牛。「被甲兵」，受到兵器的傷害。「兵」指兵器。「甲」字本來的意思是鎧甲，這裡沒有意思，因為「甲兵」兩個字經常連用，而上文是「兕虎」兩個字，這裡如果只用一個「兵」字，文字就顯得不對稱，語氣也不完整，所以就多說一個「甲」字，下文「兵無所容其刃」，只言「兵」，不言「甲」，就是很好的證明。

「兕無所投其角，虎無所措其爪，兵無所容其刃。」「所」是處所，「投」，作「擲」解，引申有放置的意思。「措」，也是放置的意思。「容」，容納的意思。

「夫何故，以其無死地。」「夫」，和上文「夫何故」的「夫」意思相同，此的意思。「無死地」，是說沒有致死的境地。也就是說沒有送命的機會。

【說明】本章旨在說明養生太過，反而戕害生命，善於養生的人，根本沒有「養生」的意思，平時了解安危的情形，順應自然而行，所以兕虎雖凶，不能害他；兵刃雖利，不能傷他。《莊子．秋水》說：「有大德的人，火不能燒死他，水不能淹死他，冷熱不能害他，禽獸不能傷他，並不是他迫近這些東西而受不了傷害，是說他明瞭安危的情形，寧靜地順應禍福，謹慎自己的行為，所以這些東西傷不到他。」由此可知「陵行不遇兕虎，入軍不被甲兵」，只是不去觸犯這些東西，盡量地謹慎行止，不要爭強好勝而已。在我們日常生活裡，不知道有多少無形的「兕虎甲兵」，例如聲色貨利，驕奢淫佚，放辟邪侈，比起有形的「兕虎甲兵」要厲害到千百倍，稍一不慎，就不免招來禍害，送掉性命，但如果我們能夠心安神靜，謹言慎行，這些東西無論多厲害，又哪裡能夠傷得到我們？

第五十一章

道生之，德畜之，物形之，勢成之。是以萬物莫不尊道而貴德。道之尊，德之貴，夫莫之命而常自然。故道生之，德畜之，長之育之，亭之毒之，養之覆之。生而不有，為而不恃，長而不宰，是謂玄德。

【譯意】　道創生萬物，德畜養萬物，萬物表現各種形體，形勢使萬物長成。道和德是萬物生成的根本，所以萬物沒有不尊敬道而珍貴德的。道之所以受到萬物的尊敬，德之所以受到萬物的珍貴，是因為道和德創生萬物並不加以干涉、支配，而任萬物自然的生長。所以道創生萬物，德畜養萬物，培育萬物，長成萬物，愛護萬物。但道生長萬物，而不據為己有；作育萬物，而不自恃其能；長成萬物，而不做萬物的主宰。真可稱為微妙深遠的德了。

【解析】「道生之，德畜之。」「德」，道創生萬物以後，就存在萬物裡面，這個存在萬物裡面的道，就叫做「德」。道是萬物生存的總原理，德是萬物從這個總原理中所得的一個理。所以前人把德解作「得」，就是說萬物所得於道的一體。道和德只有全和分、體和用的分別，而沒有本質上的差異。說得再清楚一點，德就是萬物之性。萬物由道創生，再由存在於萬物之中的道（也就是德）的畜養，然後才能長成。所以說：「道生之，德畜之。」

「物形之，勢成之。」「物」，指萬物本身。「形」，動詞，表現的意思。「勢」，指各物所處的環境而言，如地區的變遷，氣候的差異，水土的不同等都是。「成」，長成的意思。

「是以萬物莫不尊道而貴德。」萬物由創生到長成，道、德、物、勢四者雖然都有貢獻，但是物和勢也都是由道和德所創生，道和德是本，物和勢是末，所以「萬物莫不尊道而貴德。」

「道之尊，德之貴，夫莫之命而常自然」。「夫」，解作「彼」，指道和德。「莫」，不的意思。「之」，指萬物。「命」，支配、干涉的意思。道和德之所以得到萬物的尊崇，全在於道和德不支配萬物，不干涉萬物，而聽任萬物的自然生長。所以說：「莫之命而常自然。」

「亭之毒之，養之覆之。」「亭」，解作「成」。「毒」，熟的意思。「亭之毒之」，就是「成之熟之」。「覆」，保護的意思。

「生而不有，為而不恃，長而不宰，是謂玄德。」「玄德」，深微玄妙的德。這四句重見於第十章，解釋見第十章。

【說明】 本章在說明「道德」創造萬物，都是本之於「自然」，所以能夠得到萬物的尊崇。所謂「生而不有，為而不恃，長而不宰。」這種無私無欲的表現，實際上都是本之於「自然」，「道德」的偉大之處就在這裡，所以稱它為「玄德」。

第五十二章

天下有始，以為天下母。既得其母，以知其子；既知其子，復守其母，沒身不殆。塞其兌（ㄉㄨㄟˋ duì），閉其門，終身不勤；開其兌，濟其事，終身不救。見小曰明，守柔曰強。用其光，復歸其明，無遺身殃。是謂襲常。

【譯意】天地萬物有個本源，這個本源就是道。道能創生天地萬物，所以可以稱為天地萬物之母。既然知道這天地萬物之母，就可以了解由這個母體創生出來的子——天地萬物了。既然了解天地萬物，再回頭緊守住天地萬物之母的道，終身都不會有危險。堵塞情欲的孔道，關閉情欲的大門，使得情欲無從產生，而能保持內心的安閒寧靜，終身都不會有憂患。開啟情欲的孔道，助長情欲的產生，終身都不可救藥。能夠見到隱微才算是清明，能夠秉守柔弱才算是堅強。利用由本體發出來的光來認識萬事萬物，再回復到光的本體清明，這樣，才不會給自己帶來災害。這就是因襲順應常道而行，叫做「襲常」。

【解析】「天下有始，以為天下母。」第一章說：「無，名天地之始；有，名萬物之母。」所以「始」和「母」，分別指「無」和「有」。但「無」為道體，「有」為道用，所以「始」和「母」實際上都是指道而言。就理論上說，道是萬物的本源，必先於萬物而存在，所以稱之為「始」；就作用上說，道可創生天地萬物，所以又可稱為「母」。

「既得其母，以知其子；既知其子，復守其母，沒身不殆。」「子」指萬物。「殆」，危險的意思。十四章說：「執古之道，以御今之有。」「得母」就是「執道」，「知子」就是「御有」。母是本，子是末，得母知子，就是執本御末。如果能緊守其本而不失去，則內心虛靜清明，自然能「沒身不殆」。

「塞其兌，閉其門，終身不動；開其兌，濟其事，終身不救。」「塞」，堵塞的意思。「兌」，指耳目鼻口等一切孔竅。「兌」和「門」，都是指情欲出入的門徑。「勤」，勤苦、憂勞的意思。「濟」，助的意思。「濟其事」，是說助長情欲的事情。

「見小曰明，守柔曰強。」「小」，隱微的意思，這裡指道，三十二章說：「道常無名，樸，雖小，天下莫能臣也。」道有「小」的特性，所以「小」可以比喻道。能見到這個隱微的道，所以稱為「明」。「柔」能克剛，能「馳騁天下之至堅」，所以守柔才是真正的強。

「用其光，復歸其明，無遺身殃。」「光」是「明」的用，「明」是「光」的體，「用其光」在「知子」，在「見小」，也就是在識道。「復歸其明」在「守母」，在「執本」，也就是在守道。能夠知道而守道，自然不會招來災害。所以說：「無遺身殃。」「殃」，災害的意思。

「是謂襲常。」「襲」，就是二十七章「是謂襲明」的「襲」，承襲、保有的意思。「常」就是常道，「襲常」，因襲常道的意思。「襲」字王弼本原作「習」，意思很難講通，《帛書老子》篆本作「襲」，所以就依據《帛書老子》篆本改作「襲」。

【說明】本章旨在說明「守母」，也就是守道的重要。因為道能創生萬物，就如「母」生「子」、「明」生「光」一樣，守母能知子，守明能用光，守道才能控御宇宙萬有。這種執本御末的情形，正是天地之間的常道。依循這個常道而行，終身都沒有憂患。反之，如果妄用自己的聰明，放縱耳目的嗜欲，終身都不可救藥了。

第五十三章

使我介然有知，行於大道，唯施（ㄧˊ yí）是畏，大道甚夷，而民好徑。朝甚除，田甚蕪，倉甚虛；服文綵，帶利劍，厭飲食，財貨有餘。是謂盜夸（ㄎㄨㄚ kuā），非道也哉！

【譯意】假使我稍微有些知識，在大道上行走，最擔心的，便是走入邪路。大道極為平坦，可是一般執政者卻偏喜歡走小徑、行邪路，結果弄得朝廷非常的混亂，田地非常的荒蕪，倉庫非常的空虛。而他們自己卻穿著錦繡的衣服，佩著銳利的刀劍，吃著豐盛的酒食，搜刮來的錢財貨物，怎麼用也用不完。這種人簡直是強盜頭子，他們的行為實在不合乎道啊！

【解析】「使我介然有知，行於大道，唯施是畏。」「使」，假如的意思。「介」，微小的意思。「大道」，大路，實際上指道德而言。「唯」，只的意思。「施」，和「迤」同，邪的意思。「唯施是畏」，就是「唯畏施」，「是」，語詞，沒有意思。

「大道甚夷，而民好徑。」「夷」，平的意思。「民」，就是「人」，對上文「我」而言，指一般執政的人。「徑」，邪曲小路。四十一章說：「夷道若纇。」老子的道極為平坦，可是一般人都喜歡抄小路、走捷徑。所以老子說：「行於大道，唯施是畏。」

「朝甚除，田甚蕪，倉甚虛。」「朝」指朝廷。「除」，借為「汙」，混亂的意思。「蕪」，荒蕪的意思。朝廷混亂，農田荒蕪，倉庫空虛，這都是由於執政者不行大道，自私自利，「服文綵，帶利劍，厭飲食，財貨有餘」的結果。

「服文綵，帶利劍，財貨有餘。」「服」動詞，穿著的意思。「文綵」，指美好的衣服。「厭」，和「饜」同，飽足的意思。這幾句話是形容在上位者生活的奢靡浮華，而其所以如此，就是由於多欲有為，結果弄得「朝甚除，田甚蕪，倉甚虛。」

「是謂盜夸，非道也哉！」「夸」，大的意思。「盜夸」，就是盜魁，俗語所謂「強盜頭子」。

【說明】　本章是說為政的人，應該無私無欲，表現無為，這樣才合於大道。但是一般治政的人，卻專走邪路，有私、有欲、有為，自己奢靡浮華，弄得政治混亂，人民凍飢，國力空虛。這種人所作所為，不合於「大道」，卻合於「大盜」哩！

第五十四章

善建者不拔，善抱者不脫，子孫以祭祀不輟。修之於身，其德乃真；修之於家，其德乃餘；修之於鄉，其德乃長；修之於邦，其德乃豐。修之於天下，其德乃普。故以身觀身，以家觀家，以鄉觀鄉，以邦觀邦，以天下觀天下。吾何以知天下然哉？以此。

【譯意】天下有形的東西，建立在外面的，一定會被拔掉，抱持在手上的，一定會被脫去。但道德是無形的，所以，善於建立的，在心中建立德，這樣就不會拔掉；善於抱持的，在胸中抱持道，這樣就不會脫去。建德抱道，不僅自己可以享受福祿，並且可以澤及子孫，世世不輟，祭祀永享。這個道和德並不是嘴上說說就算了的，一定要切切實實地身體力行才成。拿它來修身，他的德必定會充實；推廣到一家，他的德必定會寬裕；推廣到一鄉，他的德必定會長足；推廣到一國，他的德必定會豐盈；推廣到天下，他的德必定會普遍。只要修為不輟，推得越廣，德就越大，所以只要我修德，就可以以我一身，觀察別人；以我一家，觀察其他各家；以我一鄉，觀察其他各鄉；以我一國，觀察其他各國；以我現在的天下，觀察過去和未來的天下。我怎麼能夠知道天下的情形呢？就是由於這個道理。

【解析】「善建者不拔，善抱者不脫，子孫以祭祀不輟。」「建」，立的意思。「善建」，指建德而言；「善抱」，指抱道而言。「輟」，停止的意思。天下有形的東西，無論如何建立、抱持，都會被拔掉、脫除，只有把無形的道德，建立、抱持在心胸之中，則拔不掉也除不去，不僅自己可以得福，並且可以澤及子孫，宗廟祭祀，世世不絕。

「修之於身，其德乃真。」「真」，真實的意思。道德如果不修之於身，就成為一個空名；修之於身，道德才有真實意義。這句是本章的重心所在，因為「身」是本，「家」、「鄉」、「邦」、「天下」是末，必定先修之於己身，其德充盈真實，然後才能推廣到「家」、「鄉」、「邦」、「天下」。

「修之於邦，其德乃豐；修之於天下，其德乃普。」「邦」，就是國家。王弼本原作「國」，是因為避漢高祖的諱而改的，《帛書老子》篆本仍作「邦」，作「邦」才能和下句「豐」字叶韻，所以就依據《帛書老子》篆本改作「邦」。「豐」，豐盛的意思。「普」，普遍的意思。

「以身觀身，以家觀家，以鄉觀鄉，以邦觀邦，以天下觀天下。」「以身觀身」，是說以我之身，觀人之身。因為同有這個身，必定同有這個德。推而廣之，「家」、「鄉」、「邦」、「天下」，無不如此。「以天下觀天下」，是說以現在的天下，觀過去和未來的天下。兩「邦」字王弼本都作「國」，也依據《帛書老子》篆本的改作「邦」。

【說明】 本章是老子的「內聖外王」之道，而重心則在「內聖」——修身。所以一開頭便說：「善建者不拔，善抱者不脫。」因為離開修身而講道德，便成為空談。莊子說：「道的本真用來修身，殘餘的用來治理國家。」（《莊子・讓王》）老子也主張由修身把德推廣到家、鄉、國、天下，不過那都是餘事，並不是主要的目的。不像儒家，修身的目的，全在於治國平天下。這就是儒道兩家精神不同之處。

第五十五章

含德之厚，比於赤子，蜂蠆（ㄔㄞˋ chài）虺（ㄏㄨㄟˇ huǐ）蛇不螫（ㄓㄜ zhē），攫（ㄐㄩㄝˊ jué）鳥猛獸不搏。骨弱筋柔而握固，未知牝牡之合而朘（ㄗㄨㄟ zuī）作，精之至也。終日號（ㄏㄠˊ háo）而不嗄（ㄕㄚˋ shà），和之至也。知和曰常，知常曰明。益生曰祥，心使氣曰強。物壯則老，謂之不道，不道早已。

【譯意】含德最厚的人，可以和天真無邪的嬰兒相比。嬰兒不識不知，柔弱沖和，純然是一團天理，所以蜂蠆虺蛇都不螫他，凶鳥猛獸都不撲擊他。他的筋骨雖然柔弱，可是他的小拳頭握起來卻很緊。他雖然不知道男女交合的事情，可是他的生殖器卻常常勃起，這是因為他精氣充足的原因。他雖然整天號哭，可是他的嗓子卻不會喑啞，這是因為他血氣柔和的原因。能夠知道這個「柔和」的道理的，就能合於常道，知道這個常道的就可稱為清明。如果不知道這個常道，不順應自然，而縱欲享受，過分地養生，就會產生災禍。以有欲的心，驅使生理的本能，便是逞強。萬事萬物，一到強大盛壯的時候，便開始趨於衰敗，因為強壯是不合於道的。不合於道的事，如飄風驟雨，很快就會消逝。

【解析】「含德之厚，比於赤子。」「赤子」，嬰兒。嬰兒柔弱、純潔、無知無欲、充滿生機，所以老子常常用來比喻得道的人。

「蜂蠆虺蛇不螫，攫鳥猛獸不摶。」「蠆」，毒蟲名，蠍子的一種。「虺」，毒蛇的一種。「螫」，毒蟲用尾部刺人。蛇虺雖沒有毒尾，但用「信」刺人，也可稱「螫」。「攫」，和「矍」同，猛鷙的意思。「攫鳥」就是鷙鳥。「摶」，撲取的意思。這句王弼本原作「猛獸不據，攫鳥不搏。」和上句「蜂蠆虺蛇不螫」文字不整齊一律，《帛書老子》篆本和隸本都作「攫鳥猛獸不摶」，所以就依據《帛書老子》改正。

「骨弱筋柔而握固，未知牝牡之合而朘作，精之至也。」「握固」，握拳緊牢。「牝牡」，禽獸雌的叫「牝」、雄的叫「牡」，引申指陰陽二性。「朘」，嬰兒生殖器。王弼本原作「全」，《帛書老子》隸本作「朘」，《說文．肉部》說：「朘，赤子陰也。」可見「朘」是本字，「全」是借字，所以依據《帛書老子》改作「朘」。「作」，舉起的意思。「精」，精純的意思。嬰兒無心，握拳牢固，陰莖自舉，都是精氣充足所至，生理的自然現象。

「終日號而不嗄，和之至也。」「號」，哭的意思。「嗄」，聲音沙啞叫「嗄」。「和」，柔和的意思。嬰兒成天號哭，而聲音不會沙啞，是由於血氣柔和的原因。

「益生曰祥，心使氣曰強。」「益生」，不順自然過分養生，就是五十章「生生之厚」的意思。「祥」，禍福都可稱「祥」，這裡專指禍而言。過分養生，反而得禍，所以說：「益生曰祥。」「氣」，就是第十章「專氣致柔」的「氣」，指生理的本能。「強」，堅強的意思。是「柔弱勝剛強」的「強」，不是「守柔曰強」的「強」。老子主張「實其腹」（第三章），主張「專氣致柔」（第十章），所以反對「心使氣」。因為「心有知覺，氣無情慮。」（《莊子．人間世》郭注）以心使氣，有違自然，其結果非死則滅。所以說：「心使氣曰強。」

【說明】本章是拿赤子來比喻含德至厚的修道者。人初生的時候，無知無欲，一片天機，可以說是德性最厚的時候，所以孟子也說：「大人者，不失其赤子之心。」（《孟子．離婁下》）等到長大以後，嗜欲日深，詐偽日增，於是要「益生」了，要「心使氣」了，原來的厚德，也日漸喪失了。所以老子要人保持嬰兒的心理，以免離道日遠，而保持的方式非常簡單，一是「精」，二是「和」，能夠守得「精」與「和」，那就合乎常道常德了。

第五十六章

知（ㄓˋ zhì）者不言，言者不知。塞其兌，閉其門；挫其銳，解其紛；和其光，同其塵；是謂玄同。故不可得而親，不可得而疏，不可得而利，不可得而害；不可得而貴，不可得而賤；故為天下貴。

【譯意】 智者曉得道體精微奧妙，所以勤而行之，不敢多言；而好自我炫耀，成天喋喋不休的人，根本不曉得「道」，所以便不是智者。堵塞情欲的孔道，關閉情欲的門徑。收斂鋒芒，消除紛擾，隱藏光芒，混同塵俗。這就叫做「玄同」。修養能到達這種境界，完全超然物外，淡泊無欲，既無法和他親近，也無法和他疏遠；既無法使他得利，也無法使他受害；既無法使他高貴，也無法使他低賤。到達這種超出親、疏、利、害、貴、賤的人，才是天下最了不起的人。

【解析】「知者不言，言者不知。」「知」，和「智」同，和下面「不知」的「知」相同。因為「道可道，非常道。」智者曉得言語的功用有限，不能「盡意」，且道也不在於空言，所以勤而行之，而不多言。反之，一些愚者卻自認為無事不知，無物不曉，而成天喋喋不休。又兩個「知」字讀第一聲「ㄓ zhī」，解作「知道」，也可以通。

「塞其兌，閉其門。」這兩句已見於五十二章解析。

「挫其銳，解其紛，和其光，同其塵。」這四句已見於第四章解析。又「紛」字王弼本原作「分」，但第四章作「紛」，《帛書老子》篆本和隸本也都作「紛」，所以依據第四章及《帛書老子》改作「紛」。

「是謂玄同。」「玄同」，和物大同而又無跡可見。實際上是指同於大道。

「不可得而親」至「不可得而賤」六句。因為得道的人超然物外，所以不可得而親。慈愛萬物，所以不可得而疏。不貴財貨，所以不可得而利。淡然死生，所以不可得而害。輕視王侯，所以不可得而貴。處卑居下，所以不可得而賤，超然於親疏、利害、貴賤，這就是「玄同」的境界。

【說明】 本章是說明修道的方法和修道的效果。從「塞其兌」到「同其塵」是修道的方法，而其大前提還在「不言」，因為「不言」然後才能力行。從「故不可得而親」到結尾，是修道的效果。這個修養的結果是「玄同」，也就是到達了和道同體的地步，「故為天下貴」。

第五十七章

以正治國，以奇用兵，以無事取天下。吾何以知其然哉？以此。天下多忌諱（ㄏㄨㄟˋ huì），而民彌貧；民多利器，國家滋昏；人多伎巧，奇物滋起；法令滋彰，盜賊多有。故聖人云：我無為而民自化，我好靜而民自正，我無事而民自富，我無欲而民自樸。

【譯意】用正道治理國家，用奇術帶兵作戰，但治理天下，正奇兩種方式都不能用，唯有用無為的方法。我怎麼曉得是這樣的呢？是從下面幾件事看出來的：天下的禁令太多，人民動輒得咎，不能安心工作，所以越來越貧窮。人民的權詐太多，人人欺騙爭奪，國家就越來越混亂。人民的伎巧太多，奇巧的物品就越來越多，人的欲望也就越來越大。法令過於繁苛，束縛人民自由太過，逼得人民無法生活，盜賊就到處都有。所以聖人說：「我無為而治，人民就自然化育；我喜歡清靜，人民就自然純正；我不施教令，人民就自然富足；我沒有私欲，人民就自然樸實。」

【解析】「以正治國，以奇用兵，以無事取天下。」，「正」，正道。由本章下文「我好靜而民自正」，及四十五章「清靜以為天下正」，知道這個「正」字是指清靜無欲之道。「奇」，奇巧的意思，指權謀詭詐等。「無事」，就是無為。「取」，就是四十八章「取天下常以無事」的「取」，治理的意思。

「天下多忌諱，而民彌貧；民利多器，國家滋昏。」「忌諱」，指禁令等。「利器」，和三十六章「國之利器」的「利器」相同，指權謀。「滋」，和上文「彌」字的意思相同。「滋昏」，更加昏亂的意思。國家忌諱禁令太多，人民生活不易，以致「而民彌貧」。人民權謀詭詐太多，投機取巧，干法犯令，所以「國家滋昏」。

「人多伎巧，奇物滋起；法令滋彰，盜賊多有。」「伎」和「技」同，「伎巧」就是技巧。「奇物」，新奇巧妙的物品。「彰」，嚴明、嚴苛的意思。人多伎巧，新奇的物品就會不斷產生，使得人的欲望加深，爭逐更激烈，所以老子反對。法令過於嚴苛，逼得人民鋌而走險，所以「盜賊多有」。

【說明】本章在說明治國、平天下的道理。治國、平天下和用兵不同，用兵尚奇，所謂「兵不厭詐」，國家和天下小大雖不一樣，但治理的方式卻相同，那就是無為、好靜、無事、無欲，這些沒有一樣和「用兵」的「奇」道相同，所以稱為「正」，因為這些都是治理天下國家的正道。人民在這些「正」道的感化下，就能「自化」、「自正」、「自富」、「自樸」，沒有一點勉強的意思，這就是所謂的「自然」了。

第五十八章

其政悶悶，其民淳淳；其政察察，其民缺缺。禍兮福之所倚，福兮禍之所伏。孰知其極，其無正。正復為奇，善復為妖。人之迷，其日固久。是以聖人方而不割，廉而不劌（ㄍㄨㄟˋ guì），直而不肆，光而不燿。

【譯意】治國者無為無事，政治看起來好像昏暗，但人民因為安定自由，民風反而日趨淳厚；治國者有為有事，政治看起來好像是清明，但人民因為不堪束縛，民風反而日趨澆薄。所以災禍的裡面隱藏著幸福，幸福的下面潛伏著災禍。誰知道它們的究竟呢？它們是沒有一定的。正可能變成奇，善可能變成惡。人們迷惑而不曉得這個道理實在太久了。只有聖人能善處這個禍福無定，奇正相生，善妖互變的情形，而固守著一個常道。所以聖人雖然方正，但能與世推移，所以不會戕賊人。他們雖有廉稜，但能清靜無為，所以不會傷害人。他們雖然剛直，但能柔弱謙下，所以不會放肆凌人，他們雖然光明，但能隱藏鋒芒，所以不會耀眼刺人。

【解析】「其政悶悶，其民淳淳；其政察察，其民缺缺。」「悶悶」，昏暗不明的樣子，喻政治的清靜無為。「淳淳」，淳樸的意思。「察察」，嚴明的樣子，喻政治的繁苛嚴刻。「缺缺」，疏薄的意思。治政者清靜無為，似乎沒有政績好舉，但人民反而誠厚純樸，如西漢的文景之治就是。反之，治政者設刑立禁，似乎政績不勝枚舉，但人民反而澆薄詐偽，如秦朝法家之治就是。

「禍兮福之所倚，福兮禍之所伏。」「倚」，依憑的意思。「伏」，隱藏的意思。這兩句的意思是說禍福無定。《淮南子．人間訓》裡有一個〈塞翁失馬〉的故事可以說明這個道理。故事是說：「塞上有一個人，馬跑到胡地去了，鄰居們都來安慰他。他的父親說：『這焉知道不是福呢？』幾個月後，這匹馬帶了一匹胡地的駿馬回來，鄰居們都來向他道賀。他的父親說：『這焉知道不是禍呢？』他果然後來騎馬跌跛了腿，鄰居們又來安慰他。他的父親說：『這焉知道不是福呢？』一年後，胡人大舉入塞，壯年人都被拉去作戰，死掉十分之九，而唯獨他因為跛足的關係，能夠和父親相保無事。」

「孰知其極，其無正。」「孰」，「誰」的意思。「極」，終極、究竟。「正」，定的意思。「無正」就是無定。這是說禍福循環，沒有人知道它的究竟，而禍福也沒有一定。

「正復為奇，善復為妖。人之迷，其日固久。」「奇正」是用兵的方法，「正」是常，「奇」是變。靜是「正」，動是「奇」，但常和變互用，靜和動互變，因此奇正變化多端。孫子曾說：「奇正的變化，沒有窮盡。（《孫子・勢篇》）又說：「奇正相生，如循環沒有首尾。」（同上）所以說：「正復為奇。」「妖」，作「不善」講，和「善」的意思相反。「善復為妖」的意思，和「正復為奇」相同，第二章說：「天下皆知善之為善，斯不善已。」可以作為這一句話的注解。

「方而不割，廉而不劌，直而不肆，光而不燿。」「割」是割傷的意思。凡方形都會割傷人，四十一章說：「大方無隅。」聖人雖方但能與世推移、隨俗方圓，表現「無隅」，所以「方而不割」。「廉」，稜角，「劌」，傷的意思。凡廉稜都會傷人，聖人雖有稜角，但能柔弱謙下，所以「廉而不劌」。「肆」，放肆的意思，四十五章說：「大直若屈。」聖人雖直，但能「若屈」，所以「直而不肆」。「燿」和「耀」同，炫燿、耀眼的意思。五十六章說：「和其光。」雖有光，但聖人能「和其光」，所以「光而不燿」。

【說明】 本章在說明禍福無定，奇正無端，善惡無準，一切都是變化無常的道理。一般人不曉得這個道理，僅看到一個正面，不能深入一層看到反面，所以往往求福而得禍，遇善而為妖。聖人曉得這個無常的道理，所以主張守常以應變。所謂守常，就是「守柔」、「處下」。因為我已處於「柔」、「下」的地位，那客觀形勢無論怎樣變化，我也不會受到影響。這就是為什麼聖人能夠「方而不割，廉而不劌，直而不肆，光而不燿」的原因了。

第五十九章

治人、事天，莫若嗇夫唯嗇（ㄙㄜˋ sè），是以早服，早服謂之重積德，重積德則無不克，無不克則莫知其極，莫知其極，可以有國；有國之母，可以長久。是謂深根固柢（ㄉㄧˇ dǐ），長生久視之道。

【譯意】治人修身，最好的方法莫過於愛惜精神，節儉智識。因為只有愛惜精神、節儉智識，才能在災禍來臨之前，及早服從於道；及早服從於道，就是厚積德；能夠厚積德，做到清靜、無為、自然，就沒有事不能克服；事事都能克服，就無法測度他力量的極致；力量大到無法測度，就能治理政治、秉有國家；秉有治國的根本之道，就可以維持長久。這就是根深柢固、長久生存的道理。

【解析】「治人、事天，莫若嗇。」「天」，指天所賦予人的本能。「事天」，就是修身的意思。「嗇」，就是六十七章「三寶」中的「儉」，節儉愛惜的意思，《韓非子．解老篇》說：「嗇，就是愛惜精神，節省智識。」「嗇」和「吝」不同，以錢財為例，「嗇」是衡量錢財的多少而加以節用，富不死藏，貧不告貸。「吝」是無論有多少錢財，不分給別人一點，只自己一人享受。所以老子主張「既以為人」，「既以與人」（八十一章），和主張「嗇」絲毫不相違背。

「夫唯嗇，是以早服，早服謂之重積德。」「是以」，王弼本原作「是謂」，但全書通例是上文用「夫唯」，下句開頭不用「是以」就用「故」（「故」也是「是以」的意思），所以這裡的「是謂」應該是「是以」的錯誤，《帛書老子》隸本就作「是以」，所以依據《帛書老子》隸本改作「是以」。「服」，動詞，服從的意思，「早服」是說早服從於道，「重積德」，就是多積德、厚積德。

「無不克則莫知其極，莫知其極，可以有國。」「克」，克服的意思。「極」，盡頭。「有國」，秉有國家的意思。本章都是講的「因聖外王」的工夫，這裡的「秉國」就是遙應第一句「治人」。

「有國之母，可以長久。是謂深根固柢，長生久視之道。」「母」，指道而言。「有國之母」，是說秉有治理國家的根本大道。「柢」，和「根」的意思相同。「視」，活的意思。「長生久視」，就是生命永存。

【說明】 本章在說明「治人、事天」，全在一個「嗇」字。「嗇」就是「儉」，「儉」是老子的「三寶」之一，「嗇」的重要由此可見。儉嗇，才能修養天機，蓄積精神，而達到純真質樸的境界。如果「旦旦而伐之」，戕賊身心，耗費精神，最後必至枯萎死亡。所以和「儉嗇」同一方面的詞，老子都贊成，如損、窪、敝、少等就是；而「儉嗇」反面的詞，老子都反對，如益、盈、新、多等就是。老子之所以主張「去甚、去奢、去泰。」（二十九章）正是因為這些都是反「嗇」的啊！

第六十章

治大國，若烹小鮮。以道蒞（ㄌㄧˋ lì）天下，其鬼不神；非其鬼不神，其神不傷人；非其神不傷人，聖人亦不傷人。夫兩不相傷，故德交歸焉。

【譯意】烹煮小魚，不能常常翻動，翻動太多，小魚就破碎了。治理大國，和烹煮小魚一樣，要清靜無為，不能政令繁苛，政令太過繁苛，人民不堪其擾，國家就混亂了。用清靜無為的道理治理天下，天神人鬼都能各安其位，所以鬼不會作祟傷害人；不僅鬼不會傷害人，神也不會傷害人；不僅神不會傷害人，聖人也不會傷害人。在上位的國君和在下位的人民，互相都不傷害，就能夠一齊歸化於道德了。

「治大國，若烹小鮮。」「小鮮」，小魚。烹調小魚，不能常常翻動，常常翻動，就會破碎。這裡用「烹小鮮」來比喻治理國家，不能過分煩擾人民，要以清靜無為為治，使人民各安其位，各遂其生。

「以道莅天下，其鬼不神。非其鬼不神，其神不傷人。」「莅」、和「蒞」同，臨的意思。「不神」的「神」，形容詞，相當於口語裡「神氣」，「鬼不神」，是說鬼不能作祟來傷害人。「非」，和「匪」同，不但的意思。「其神」的「神」是名詞，就是指神靈。

「夫兩不相傷，故德交歸焉。」「夫」，發語詞，沒有意思。「兩不相傷」，指國君和人民互不傷害。國君「以道莅天下」，人民各安其位、各遂其生，這是君不傷民；人民因為能夠安其位、遂其生，所以暴亂不生，國家安寧，社稷永固，這是民不傷君，所以說：「兩不相傷。」「德交歸」，是說德既歸於國君，也歸於人民，也就是說國君和人民都能化於道德。

【說明】 本章用烹調小魚，來比喻治理國家應以無為的方式來治理。以無為治理的結果，人民各安其位、各遂其生，不需要求福於鬼神，在這種情形下，鬼無法行其虐，神不能施其威。而鬼神都不能害人，則完全是由於治政的聖人不害人的結果。治政者和人民兩不相害，所以就能一齊修道養德了。

第六十一章

大國者下流，天下之牝，天下之交。牝常以靜勝牡。以其靜，故宜為下。故大國以下小國，則取小國；小國以下大國，則取大國。故或下以取，或下而取。大國不過欲兼畜人，小國不過欲入事人。夫兩者各得其所欲，大者宜為下。

【譯意】大國和小國之間相處之道是這樣的：大國應該像江海一樣，處於低下的地位，表現的像天下雌性動物那樣的柔弱，成為天下人歸結之所。要知道雌性動物常常因為安靜而勝過雄性動物，因為牠安靜，所以應該表現的卑下。所以大國能對小國謙下，就能取得小國的依附；小國能對大國謙下，就可以取得大國的包容。一個是用謙下取得他國的依附，一個是用謙下取得他國的包容，而大國不過是想要包容小國，小國也不過是想要依附於大國。兩者要各得其所欲，都應該謙下才行，不過大國更應該謙下一點而已。因為小國謙下，不過能保全自身；大國謙下，則能令天下人歸往啊。

【解析】「大國者下流，天下之牝，天下之交。」「下流」，水向下流注。這裡比喻低下卑溼的地方。「交」，名詞，交會、會歸的地方。「天下之牝，天下之交」，王弼本原作「天下之交，天下之牝」，但《帛書老子》篆本和隸本都作「天下之牝，天下之交」，細細尋味文意，《帛書老子》的次序似乎要好一點，所以就依據《帛書老子》把王弼本的文字顛倒過來。

「牝常以靜勝牡。」動物中的雌性和雄性，包括人類，表面上看起來，雄性高大、強壯，似乎要強些，而實際上無論是就耐寒、耐熱、耐飢、耐苦哪一方面來講，都是雌性較強。就人類的壽命而言，也是女性平均較高，所以雌性才是真正的強者。而雌性之所以強過雄性，就在於安靜、柔弱。

「以其靜，故宜為下。」王弼本原作「以靜為下」，但注說：「以其靜，故能為下也。」《帛書老子》篆本和隸本都作「為其靜也，故宜為下也。」都比原來的「以靜為下」要通順得多，所以就依據《帛書老子》、王注，及其他古本改作「以其靜，故宜為下。」

「故大國以下小國，則取小國；小國以下大國，則取大國。」「取」，得的意思。「取小國」，由下文「小國不過欲入事人」，知道是指取得小國的入事。「取大國」，由下文

「大國不過欲兼畜人」，知道是指取得大國的兼畜。

「故或下以取，或下而取。」兩個「或」字是代名詞，按次序上句「或」字指大國，下句「或」字指小國。這種用法和七十三章「或利或害」句中的「或」字相同。上句「以取」、下句「而取」，「以」和「而」意思相同，只是換字以求變化而已。

「大國不過欲兼畜人，小國不過欲入事人。」「畜」，養、納的意思，「兼畜」，就是兼養、包容。這兩句是說大國的目的不過要併容小國，以滿足其欲望；小國的目的不過要入事大國，以企求其生存。

「夫兩者各得其所欲，大者宜為下。」「夫」，發語詞，沒有意思。「兩者」，指大國和小國。大國和小國想要各得其所欲，都應該謙下，只不過在比較之下，大國比小國應該更謙下一點，原因就在於他是大國。

【說明】本章在說明大國和小國相處之道，端在謙下、柔弱。小國謙下，固然能達到其維持生存的目的。大國謙下，也能達到其兼畜的目的。反之，若逞強爭勝，小國固然要滅亡，大國也難以維持長久。因為恃強凌弱，以眾暴寡的結果，往往引起天下叛離，最後還是不免於滅亡，歷史上歐洲的羅馬帝國、中國的秦朝，不都是最好的例證嗎？

然而，要小國謙下容易，要大國謙下則難，所以本章在開頭說：「大國者下流。」在結尾又說：「故大者宜為下。」就在說明小國固然必須謙下，大國也要有謙下的胸襟。這一章實在是有很深刻的意義。

第六十二章

道者萬物之奧，善人之寶，不善人之所保。美言可以市尊，美行可以加人。人之不善，何棄之有？故立天子，置三公，雖有拱璧以先駟馬，不如坐進此道。古之所以貴此道者何？不曰求以得，有罪以免邪？故為天下貴。

【譯意】道是萬物中最尊貴的。善人用道立身行事，把道看作寶貝；不善的人也不敢違背道，而時時保守著它。善人修道，說出話來都美好感人，能得到人家的尊敬；做出事來都美好感人，可以用來作為人家的法則。至於不善的人，雖沒有美言美行，但他能保守著道，道又怎麼能捨棄他呢？所以奉立天子，設置三公的時候，雖然先用大的璧玉，後用四匹駿馬作為獻禮，還不如跪著獻上這個道。古時候特別尊貴這個道，究竟是什麼原因呢？難道不是說因為這個道，有求就能得道，有罪就可以獲得赦免嗎？所以，道實在是天下最貴重的了。

【解析】「道者萬物之奧，善人之寶，不善人之所保。」「奧」，房室中的西南隅叫「奧」，是尊者所住的地方，所以引申就有尊貴的意思。「保」，保有、依恃的意思。因為道最尊貴，所以善人固然把它當寶貝，不善的人也保有它、依恃它。

「美言可以市尊，美行可以加人。」「市尊」，獲得尊敬。「加人」，加之於人，使人依照著去做。這兩句是承上文「善人之寶」而言。王弼本原作「美言可以市，尊行可以加人。」意思很不完滿。《淮南子》的〈道應訓〉和〈人間訓〉兩次引這兩句都作「美言可以市尊，美行可以加人。」文字既整齊，意思也很通暢，所以就依據《淮南子》引用的文字增補修改。

「人之不善，何棄之有？」這兩句是承上文「不善人之所保」而言。是說不善的人既保有道，道也不拒人於千里之外。

「雖有拱璧以先駟馬，不如坐進此道。」「拱」，合手叫做「拱」。「拱璧」，就是大璧。「駟」和「四」同，「駟馬」，就是四匹馬，一乘的數目。古時送禮之前，一定先要有一點餽贈，兩次的贈送，習慣是先送輕禮，後送重禮。例如《左傳》就有：「鄭商人弦高，以乘韋先牛十二犒師。」「乘韋」是四張熟牛皮。四張熟牛皮禮輕，十二頭牛禮重，所以弦高在送十二頭牛之前，先送上四張熟牛皮。同理，「拱璧」禮輕，「駟馬」禮重，所以在送「駟馬」之前，先送拱璧。「坐」，解作「跪」。古人席地而坐，臀部靠在小腿上叫「坐」，上身挺直叫「跪」。

「求以得，有罪以免邪？故為天下貴。」「求以得」，有求就有得。「免」，赦免、免除的意思。這是說人求道就能得道，若保有這個道，縱使有罪，也可免罪。「求以得」，應前文「善人之寶」，「有罪以免」，應前文「不善人之所保」。「故為天下貴」，則是應首句「道者萬物之奧」。

【說明】本章在說明道是萬物中最尊貴的，萬物都不能離道而生存。人也是如此。善人守道，固然能「美言市尊，美行加人」。不善的人守道，也能「有罪以免」。所以天子、三公，雖有拱璧、駟馬，還不如擁有這個道，因為拱璧、駟馬，價值有限，而道則價值無限。拱璧、駟馬，固然有益，也可能有害。而道則絕對無害有益，這就是道之所以「為天下貴」的原因了。

第六十三章

為無為，事無事，味無味。大小多少，報怨以德。圖難於其易，為大於其細。天下難事，必作於易；天下大事，必作於細。是以聖人終不為大，故能成其大。夫輕諾必寡信，多易於多難。是以聖人猶難之，故終無難矣。

【譯意】 聖人治理天下，以無為作為治政的根本，以無事作為行政的原則，以恬淡作為施政的態度。他能見微知著，注意到一般人所忽略的地方。當事物很小的時候，他就能看到它們發展成很大的情形，而預先作準備。所以當有仇怨的時候，他卻以恩德來回報，以消除仇怨。他解決難事，從容易的地方入手，作為大事，從細微的地方開始。這是因為天下的難事，必定從容易而來；天下的大事，必定從細微而生。所以聖人始終不自以為偉大，因此反而能成就他的偉大。輕易的允諾，必定因不能兌現而失信；把事情看得太容易，必定會遭遇到困難。聖人把任何事都看得很困難，所以始終不會發生什麼困難。

【解析】「味無味。」是說以「無味」為味，也就是以恬淡為治的意思。上一個「味」字是動詞，下一個「味」字是名詞，三十五章說：「道之出口，淡乎其無味。」所以「無味」是指道而言。

「大小多少，報怨以德。」「小」和「少」是名詞，代替隱微不顯的事物。「大」和「多」是動詞。任何大或多的事物，都是由「小」或「少」而來，所謂「莫見乎隱，莫顯乎微。」（《中庸》）就是這個道理。聖人識得這個道理，所以事雖小而能識其大，物雖少而能知其多。「德」是恩德的意思。別人對我有怨恨，我卻用恩德來回報他，這就是聖人對人的態度。

「圖難於其易，為大於其細。天下難事，必作於易；天下大事，必作於細。」「圖」，動詞，謀慮的意思。「作」，產生、興起的意思。難必生於易，大必生於細，但任何難事、大事，當在「易」、「細」的時候，往往為人所忽略，殊不知星星之火，可以燎原；涓涓之流，可以成災。聖人識得這個道理，所以當事在「易」、「細」的時候，就加以解決，因而能夠災難不生，禍患絕跡。

「輕諾必寡信，多易必多難。」「諾」是應允的意思。輕於允諾，難以兌現，終必至於失信。把事情看得太容易，而掉以輕心，必定會遭逢到很多困難。「輕諾」就是「多易」的表現，「寡信」就是「多難」的證明。

「是以聖人猶難之，故終無難矣。」「難」是動詞「難之」，把容易的事看作困難。聖人治政，能夠無為、無事，就在於「圖難於其易，為大於其細。」消除災難於無形，因而沒有任何困難產生。

【說明】「天下難事，必作於易；天下大事，必作於細。」這是人世間的自然情形。本章就在說明聖人識得這個道理，而能「圖難於其易，為大於其細。」因而「終無難矣」。而其「圖」、「為」的方法，就在「無為」、「無事」、「無味」，換言之，也就是無私。所有這些，從「報怨以德」一句話就可以得到解釋了。

第六十四章

其安易持，其未兆易謀，其脆易泮（ㄆㄢˋ pàn），其微易散。為之於未有，治之於未亂。合抱之木，生於毫末；九層之臺，起於蔂（ㄌㄟˊ léi）土；千里之行，始於足下。為者敗之，執者失之。是以聖人無為故無敗，無執故無失。民之從事，常於幾（ㄐㄧ jī）成而敗之。慎終如始，則無敗事。是以聖人欲不欲，不貴難得之貨；學不學，復眾人之所過。以輔萬物之自然，而不敢為。

【譯意】安定的情況，容易持守；未見兆端的事情，容易圖謀；脆弱的東西，容易分解；細小的東西，容易散失。所以在事情尚未萌芽的時候，就要預先處理；在亂事尚未形成的時候，就要早作防備。合抱的大木，是從嫩芽長起來的；九層的高臺，是由一筐筐泥土築起來的；千里的遠行，是由一步步走出來的。這些都是順自然而行的結果，並不是出於有心作為。如果有心作為，必遭挫折；固執己見，必定失敗。聖人無所作為，所以沒有挫折；無所執著，所以沒有失敗。一般人做事，常常到快要成功的時候，反而失敗了。這就是因為在事情快要成的時候，常常大意疏忽的原故。如果在事情快要完成的時候，也像開始時一樣的謹慎小心，循道而行，就不會失敗了。所以聖人無所執著，一切循道而行，他所欲求的就是沒有欲念，不重視珍貴的貨物；他所要學的就是沒有學識，以挽救人們離道失真的過失，以輔助萬物自然發展，而不敢有所作為。

【解析】「其安易持，其未兆易謀，其脆易泮，其微易散。」「持」，守的意思。「兆」，朕兆，事機先顯現的叫「兆」。「謀」，圖謀、謀慮的意思。「脆」，脆弱的意思。這四句話在說明事物在開始的時候，最要注意，一旦形成，就難以解決。

「合抱之木，生於毫末；九層之臺，起於蔂土；千里之行，始於足下。」「木」，指樹木。「合抱」，形容樹木的粗大。「毫末」，毫毛的末端，比喻極端的細小。「蔂」，土蕢，就是盛土的筐筐。王弼本原作「累」，意思不很清楚，《帛書老子》隸本作「蔂」，非常正確，所以就依據《帛書老子》隸本改作「蔂」。「蔂土」，一筐土。《中庸》說：「登高必自卑，行遠必自邇。」任何事情急不得、快不得、投機不得，都要順著自然一步步的去做。就是這幾句話的意思。

「民之從事，常於幾成而敗之。慎終如始，則無敗事。」「從事」，就是行事、作事。「幾」，近的意思。「幾成」，接近成功。「敗之」的「之」，指「事」而言。一般人做事，往往有始無終，最後弄得功虧一簣，實在可惜。如果能在完成的時候，像開始的時候一樣小心，就不會有這種情形了。所以說：「慎終如始，則無敗事。」

「是以聖人欲不欲，不貴難得之貨；學不學，復眾人之所過。」「不欲」，就是「無欲」。聖人所欲的就是無欲，所以說：「欲不欲。」「不學」，就是二十章「絕學無憂」的「絕學」，也就是無知無識的意思。聖人所要學的就是無知無識，所以說：「學不學。」「過」，指一般人離道失本，違反自然。聖人要使人復歸於道，返回自然。所以說：「復眾人之所過，以輔萬物之自然。」

【說明】本章是繼續上章的意思再加以發揮。上章的主旨是「無為」，本意也是如此。所以文中說「為者敗之，執者失之。」又說「無為故無敗，無執故無失。」又說「欲不欲，學不學，以輔萬物之自然。」雖然「為之於未有，治之於未亂」這兩句話，看起來好像是有所作為，但這種作為還是依循自然，無所為而為，還是合於無為的精神的。

第六十五章

古之善為道者，非以明民，將以愚之。民之難治，以其智多。故以智治國，國之賊；不以智治國，國之福。知此兩者亦稽式。常知稽式，是謂玄德。玄德深矣，遠矣，與物反矣，然後乃至大順。

【譯意】古時候善於用道治國的人，不是要人民明智機巧，而是要人民質樸敦厚。人民所以難治，是因為他們智巧詭詐太多的緣故。所以治國的人用智巧治理國家，使人民也產生智巧，則是國家的禍害；不用智巧治理國家，使人民保持淳樸的本性，則是國家的幸福。知道這兩種治國方式的差別，而有所取捨，就是一種法則。長久記住並實行這一個法則，可以稱為玄妙無上的德。這玄妙無上的德既深奧，又久遠，又和萬事萬物相反，可是依循它而行卻可以順合於自然。

【解析】「古之善為道者，非以明民，將以愚之。」「善為道者」，指能以道修身治國的國君。「明」和「愚」是相對詞，都是動詞。「明民」，使人民有智巧。「愚之」，使人民純樸敦厚。「將」，「是」的意思。和上文「非」字的意思相反。

「知此兩者，亦稽式。常知稽式，是謂玄德。」「兩者」，指上文「以智治國，國之賊；不以智治國，國之福。」「亦」，相當於口語的「就是」。「稽」，和「楷」同，楷模的意思。「稽式」就是「楷式」，法則、標準的意思。「玄德」，深微玄妙的德。

「玄德深矣，遠矣，與物反矣，然後乃至大順。」「反」，相反的意思。老子的道，和普通事物完全相反，人取先，他取後；人取強，他取弱；人求智，他守愚；人有為，他無為，這就是「反者道之動」了。「大順」，順於自然，所以稱「大順」。「然後乃至大順」，是說依循「玄德」而行，就可以復歸於自然。

【說明】本章在說明治國不能用智。用智治國，就是「國之賊」；反之，不用智治國，使人民無知無識，樸實純厚，卻是「國之福」。

表面看來，好像是老子主張愚民政策，其實不然。老子認為「智慧出，有大偽。」（十八章）所以反對「智」。他固然主張人民無智，同樣的，他也反對人君「以智治國」。他的理想是君民上下都不用智，而同歸於誠樸。這是老子的理想政治。

我們只要看老子說：「我無為而民自化，我好靜而民自正，我無事而民自富，我無欲而民自樸。」（五十七章）就可以知道他並不是主張愚民政策了。

第六十六章

江海所以能為百谷王者，以其善下之，故能為百谷王。是以聖人欲上民，必以言下之；欲先民，必以身後之。是以處上而民不重，處前而民不害。是以天下樂推而不厭。以其不爭，故天下莫能與之爭。

【譯意】江海所以能成為百川之王，使所有的河流奔注，是因為它善於自處低下的地位，才能成為百川之王。所以聖人想要居於萬民之上，必定要對人民言語卑下，處處沖和；想要居萬民之前，必須對人民態度謙恭，事事退後。所以聖人雖居於上位，而人民並不感到有什麼負擔；雖站在前頭，而人民並不感到有什麼損害。所以天下的人民都樂於推戴他而不厭棄。這都是聖人不和任何人相爭，所以天下就沒人能爭得過他。

【解析】「江海所以能為百谷王者，以其善下之，故能為百谷王。」「百谷」，相當於「百川」，指所有的河流。「王」，《說文》解釋為「天下所歸往。」所有的河流都歸往江海，所以江海能成為「百谷王」。「下」，動詞，「下之」，居百谷之下。「之」指百谷。

「是以聖人欲上民，必以言下之；欲先民，必以身後之。」「聖人」，王弼本原沒有這兩個字，《帛書老子》篆本和隸本都有，細細尋味文義，有這兩個字比較通暢，所以就依據《帛書老子》增補「聖人」二字。「上」、「下」、「先」、「後」都是動詞。兩個「之」字都是指「民」而言。「以言下之」就是三十九章所說的「自謂孤、寡、不穀。」「以身後之」就是七十八章所說的「受國之垢」、「受國不祥」。

「是以處上而民不重，處前而民不害。」「是以」下面王弼本原有「聖人」兩個字，當是前面錯移到這裡的，《帛書老子》篆本和隸本都沒有，所以就依據《帛書老子》刪去這兩個字。

聖人治政，無為無事，因任自然，所以「處上而民不重，處前而民不害。」「不重」，不以為重的意思。

「是以天下樂推而不厭。」「推」，推戴的意思，「厭」，厭煩、厭棄的意思。

【說明】 本章藉江海處下而能成為百谷之王，來比喻聖人處下，當能為人民之王。三十九章說：「是以侯王自謂孤、寡、不穀。」這是以言下民；七十八章說：「受國之垢，是謂社稷主；受國不祥，是謂天下王。」這是以身後民。但「後其身而身先」（第七章）、「處人之下則能用人」（六十八章），所以這種「不爭」，其結果反而是「天下莫能與之爭」。

第六十七章

天下皆謂我道大，似不肖。夫唯大，故似不肖。若肖，久矣其細也夫！我有三寶，持而保之。一曰慈，二曰儉，三曰不敢為天下先。慈故能勇，儉故能廣，不敢為天下先，故能成器長。今舍慈且勇，舍儉且廣，舍後且先，死矣！夫慈，以戰則勝，以守則固，天將救之，以慈衛之。

【譯意】天下人都說我的道太大，似乎沒有一樣東西可以比擬。正因為道太大，所以沒有東西可以比擬。如果像某一樣東西，就減低了它的偉大性，早就變成渺小而不值得一顧了。我有三件寶貝，緊緊地保守著而不失去。第一件是慈愛，第二件是儉嗇，第三件是不敢居於天下人之先。慈愛，就能維護眾生，所以能產生勇氣；儉嗇，就能蓄精積德，所以能推致廣遠；不敢居於天下人之先，則反而得到愛戴，所以能成為萬物的長官。如果不能慈愛而只求勇敢，不能儉嗇而只求廣遠，不能居人之後而只求爭先，那必定是死路一條了。三寶之中，慈愛最為重要，用慈愛的心作戰，則能獲勝；用慈愛的心防守，則能鞏固。天要救助人，一定用慈愛的心來保衛他。

【解析】「天下皆謂我道大，似不肖。」「肖」，像的意思。老子的道，就體而言，無狀無象，但卻無所不包。就動而言，完全和世俗之道相反，但卻能自成系統，解釋一切現象。就用而言，主弱處後，但卻能取強居先。似乎和有狀有象、逞強爭先的萬事萬物都不相同，所以說：「似不肖」。

「夫唯大，故似不肖。若肖，久矣其細也夫！」「細」，細小、渺小的意思。任何一個宗教、學派，一定要有深遠廣大的思想作為基礎，然後才能推致廣遠，才能應用無窮。小道，雖然也有它的一偏之用，但是要想推致廣遠，就要阻滯不通了。孔子就曾說過：「雖小道，必有可觀者焉，致遠恐泥，是以君子不為也。」（《論語．子張》）這就是中國先秦諸子百家，可觀的只有九流十家，而對我們影響最大的，也只有儒、道二家而已。老子的道，正因為廣大而無所不包，所以不像任何事物，如果像的話，早就已經渺小到不值一提了，哪裡還能夠流傳到今天呢！

「一曰慈，二曰儉，三曰不敢為天下先。」「慈」，就是愛，治政者愛百姓如慈母愛嬰兒，所以稱「慈」。「儉」，節儉愛惜，和五十九章「嗇」字的意思相同。「不敢為天下先」，就是謙下退讓的意思。

「慈故能勇，儉故能廣，不敢為天下先，故能成器長。」「慈」就是愛，有愛心必有勇氣，孔子說：「仁者必有勇。」（《論語．憲問》）《禮記．祭義》也說：「戰陣無勇，非孝也。」都和「慈故能勇」意思相當。「廣」，廣大豐盛的意思。儉用錢財則家富，儉用精神則精盛，人君儉用人民，則人民眾多，國土廣大。所以說：「儉故能廣。」「器」，就是二十八章「樸散則為器」的「器」，指萬物。「器長」就是萬物的長官。第七章說：「後其身而身先。」六十六章說：「以其不爭，故天下莫能與之爭。」所以「不敢為天下先」，反而「能成器長」了。

「今舍慈且勇，舍儉且廣，舍後且先，死矣。」「今」，假設詞，如果的意思。「且」，取的意思。由慈而勇，由儉而廣，由後而先，都是由本而末，順其自然，毫不造作。反之，不慈而勇，這是血氣之勇；不儉而廣，這是不義之廣；不後而先，這是失群之先。總而言之，這都是捨本逐末，最後必歸於滅亡。

「夫慈，以戰則勝，以守則固，天將救之，以慈衛之。」「救」，幫助的意思。「衛」，保護的意思。《孫子．地形篇》說：「視卒如嬰兒，故可與之赴深谿；視卒如愛子，故可與之俱死。」以慈愛對待士卒，士卒都樂意為之犧牲。當然能夠「以戰則勝，以守則固」了。戰國時吳起一生沒有打過敗仗，就是由於愛護士卒的關係。

【說明】本章旨在說明三寶——「慈」、「儉」、「不敢為天下先」的功用，而特別著重於「慈」。萬物都是由道而生，道對萬物，猶如母親對待子女，無不慈愛。這種愛並不是出於自私，第五章說：「天地不仁，以萬物為芻狗；聖人不仁，以百姓為芻狗。」這看起來好像是不愛，而實際上卻是毫不自私、一律平等的大愛。世界上偉大的宗教，偉大的思想，沒有不是主張「愛」的，基督教主張博愛，佛教主張慈悲，儒家主張仁愛，墨家主張兼愛，老子則主張慈。名稱雖有不同，但主張愛則完全一樣。所以老子在三寶之中，特別著重於「慈」這一寶，是有他的道理的。就拿和「慈」最相反的戰爭來說，「以戰則勝，以守則固。天將救之，以慈衛之。」那麼，「慈」德的廣大，由此就可想而知了。

第六十八章

善為士者不武，善戰者不怒，善勝敵者不與，善用人者為之下。是謂不爭之德，是謂用人之力，是謂配天。古之極。

【譯意】善於做將帥的，不表現勇武；善於作戰的，不輕易發怒；善於克敵制勝的，不用和敵人交鋒。善於用人的，謙虛待人居人之下。這「不武」、「不怒」、「不與」，就是不和人爭勝鬥氣的道德；這「為之下」，就是利用別人的能力。「不爭之德」和「用人之力」都能發揮無遺，便是符合自然的道理。這是自古以來的極則。

【解析】「善為士者不武，善戰者不怒，善勝敵者不與，善用人者為之下。」「士」，指將帥。「不武」，不逞其勇武的意思。爭勝趨利，這是為將的大忌，《孫子・軍爭》說：「百里而爭利，則擒三將軍，五十里而爭利，則蹶上將軍。」將帥不僅不能表現勇武，有的時候，還要表現柔弱。《孫子．計篇》說：「能而示之不能，用而示之不用。」就是證明。「不怒」，不發怒。一怒則失去智慮，所以《孫子．計篇》說：「怒而撓之。」「不與」，不和敵爭的意思。因為「上兵伐謀，其次伐交，其次伐兵。」（《孫子．謀攻》）「伐兵」是在用計謀、用外交失敗之後，不得已才用的。

「是謂不爭之德，是謂用人之力，是謂配天，古之極。」「不爭之德」，是說不和人爭勝的一種道德。這句是承上文「不武」、「不怒」、「不與」而言。「用人之力」，是說利用別人力量的一種能力。這句是承上文「為之下」而言。「是謂配天」，是說「不爭之德」和「用人之力」都能符合天道。因為「天之道，不爭而善勝，不言而善應，不召而自來。」（七十三章）「極」，極則的意思。「古之極」，是說古來就有的極則。

【說明】本章是用戰爭的例子來說明「不爭」和「居下」的道理。戰爭的目的本來是要爭勝的，和「不爭」、「居下」可說是冰炭不能相容，但是善於作戰的人，卻能利用「不爭」和「居下」的方法，達到爭勝和處上的目的。《孫子．謀攻》說：「上兵伐謀，其次伐交，其次伐兵，其次攻城。」又說：「是故百戰百勝，非善之善者也，不戰而屈人之兵，善之善者也。」最上等的作戰方法，是不戰而屈人之兵，而要想達到這個目的，只有伐謀一途。由此看來，老子的「不爭」、「居下」的方法，是最高的取勝之道，難怪有人說老子是兵家，《道德經》這本書是軍事寶典了。

楚漢相爭的時候，項羽叱咤風雲，戰無不勝，劉邦卻深溝高壘，不出來和他交戰。項羽向劉邦挑戰，以一決雌雄，劉邦笑笑說：「我寧願鬥智，不能鬥力。」甚至項羽把劉邦的父親太公放在高腳的俎（ㄗㄨˇ zǔ，砧板）上，用殺他來威脅劉邦，劉邦還是很冷靜地說：「你烹殺了以後，請你分給我一杯羹。」最後劉邦終於得勝。這是一個典型的用「不爭」、「處下」的方式，達到勝利目的的例子。

第六十九章

用兵有言：「吾不敢為主而為客，不敢進寸而退尺。」是謂行（ㄏㄤˊ háng）無行（ㄏㄤˊ háng），攘（ㄖㄤˊ ráng）無臂，執無兵，扔（ㄖㄥ rēng）無敵。禍莫大於無敵，無敵幾（ㄐㄧ jī）喪（ㄙㄤˋ sàng）吾寶，故抗兵相加，哀者勝矣。

【譯意】古代用兵的人曾這樣說過：「我不敢主動挑起戰端以兵伐人，只有在不得已的情形下，被動的發兵應戰。在作戰的時候，我不敢逞強爭勝，推進一寸，而寧願不爭謙讓，退後一尺。」這就是說：雖有行陣，但作戰的時候好像沒有行陣可列；雖有膀臂，但舉臂的時候好像沒有膀臂可舉；雖有兵器，但持用的時候好像沒有兵器可持；雖有敵人，但擒拿的時候好像沒有敵人可擒。時時懷著一顆哀慈不爭的心。軍隊的禍患沒有比逞強無敵更大的了，逞強無敵將會喪失我的三寶。所以舉兵相交戰的時候，有慈愛之心的一方會獲得勝利。

【解析】「用兵有言：吾不敢為主而為客，不敢進寸而退尺。」「用兵」，指用兵的人，也就是兵家。「為主」，是說主動地舉兵伐人。「為客」，是說被動地起兵應戰。這就是前章「不武」、「不怒」的意思。「不敢進寸而退尺」，是說不敢貪得冒進，而寧願躲避退讓。這就是前章「不與」的意思。這兩句在表現柔弱不爭的精神。

「行無行，攘無臂。」上「行」字是動詞，是說排列行陣。下「行」字是名詞，行陣的意思。「攘」，舉的意思。「攘背」就是舉背。

「執無兵，扔無敵。」「執」，執持的意思。「兵」指兵器。「扔」，和三十八章「攘臂而扔之」的「扔」字相同，作「引」解，這裡引申有擒拿的意思。這兩句話王弼本原顛倒作「扔無敵，執無兵。」既不叶韻，次序也嫌混亂。注文說：「猶行無行，攘無臂，執無兵，扔無敵。」由此看來王弼本原來並沒有錯，是後人弄顛倒的。《帛書老子》篆本和隸本都作「執無兵，扔無敵。」文義既順暢，也叶韻。所以就依據《帛書老子》、王弼注改正。

「禍莫大於無敵，無敵幾喪吾寶。」上下兩句的「無敵」，都是逞強無敵於天下的意思。兩個「無敵」王弼本及其他各本都作「輕敵」，但本章所談的並不是謹慎輕浮的事情，「輕敵」與本章的意思無關。《帛書老子》篆本及隸本都作「無敵」，王弼注也說：「言吾哀慈謙退，非欲以取強無敵於天下，不得已而卒至於無敵，斯乃吾之所以為大禍也。」由注文看來，王弼本原也作「無敵」，是後人改作「輕敵」的。現在依據王弼注及《帛書老子》改作「無敵」。「幾」，解作「將」。「喪」，亡失的意思。「吾寶」，指六十七章的「三寶」。七十六章說：「兵強則不勝。」兵「無敵」則強，強則不合於道，不能慈、儉，而為天下先。所以說：「無敵幾喪吾寶。」

「故抗兵相加，哀者勝矣。」「抗」，舉的意思。《帛書老子》篆本作「稱兵」，「稱」也是舉的意思。「相加」相當於「相交」、「相合」。「哀」，作「愛」講，就是三寶之一的「慈」。六十七章說：「夫慈，以戰則勝。」正和「哀者勝矣」的意思相同。

【說明】本章是繼續前二章，用戰爭來說明「不爭」和「謙下」之德。「不爭」和「謙下」只是表現，其根本則在於「慈」，所謂「不敢為主而為客，不敢進寸而退尺。」所謂「行無行，攘無臂，執無兵，扔無敵。」都是「慈」的表現。因為「慈」，所以能夠「抗兵相加」而勝。這和《孟子．梁惠王上》所說的「仁者無敵」，是有其相同的意義。

第七十章

吾言甚易知，甚易行。天下莫能知，莫能行。言有宗，事有君。夫唯無知，是以不我知。知我者希，則我貴矣。是以聖人被褐（ㄆㄧ ㄏㄜˊ pī hé）懷玉。

【譯意】我的言論很容易了解，也很容易實行。但是天下人都被私欲所蒙蔽，都被名利所迷惑，而沒有人能夠了解，沒有人能夠實行。我的言論都有本源，我的行事都有根據。正因為人們不懂得我的言論和行事，所以也就不了解我了。了解我的人越少，那我的地位反而越崇高。所以，聖人外面穿著低賤的褐衣，裡面卻藏著美玉。

【解析】「吾言甚易知，甚易行。」四十七章說：「不出戶，知天下；不窺牖，見天道。」所以說：「甚易知。」四十七章說：「不為而成。」所以說：「甚易行。」

「天下莫能知，莫能行，」人之所以不知不行，主觀方面是由於老子的道和世俗的事物不肖、相反，客觀方面是由於中士、下士過多，而上士過少。知是行之始，行是知之成。天下對老子的道連「知」的工夫還沒有做到，更不必談「行」了。

「言有宗，事有君。」「宗」和「君」都是根本的意思，也都是指道而言。道是「言」的宗，道也是「事」的君。道是什麼？就是無為自然而已。

「夫唯無知，是以不我知。」「夫唯」是《老子》書中的常用語，凡用「夫唯」開頭的句子，必定上有所承。「夫唯無知」一句，就是承上文「天下莫能知」而言。「無知」，就是「莫能知」。「不我知」，是「不知我」的倒裝句。

「知我者希，則我貴矣。」「希」，少的意思。「貴」，尊貴、崇高的意思。「則我貴矣」這一句，王弼本原作「則我者貴」，但注說：「知我益希，我亦無匹」，既說「我亦無匹」，則原文當作「則我貴矣」，而不當作「則我者貴」。《帛書老子》篆本和隸本都作「則我貴矣」，和王弼注文的意思相同，所以就依據《帛書老子》，改作「則我貴矣」。

「是以聖人被褐懷玉。」「被」，和「披」同，穿的意思。「褐」，是粗毛布的衣服，低賤者所穿。「被褐懷玉」，比喻大道不行，聖人外同其塵，內守其真。

【說明】本章老子自己說「言有宗，事有君。」但他人既不能了解他的言，更不能實行他的道，因而老子深有此感嘆。大道不行，聖人只有「被褐懷玉」，外同其塵，內守其真了。

正因聖人同塵而不顯，懷玉而不現，因而越發難知，也越顯得其尊貴。

第七十一章

知不知，上；不知不知，病。是以聖人不病。以其病病，是以不病。

【譯意】能知道自己無所知，這是最高明的了；不知道自己無所知，這就是缺點。所以聖人沒有這個缺點。因為聖人厭惡這個缺點，所以才沒有這個缺點。

【解析】「知不知，上；不知不知，病。」「知」是動詞。「不知」是「知」的賓語。「不知不知」，上一個「不知」的「知」是動詞，下一個「不知」是「知」的賓語。這句王弼本原作「不知知，病。」歷來各家的解釋極為紛歧，《帛書老子》篆本作「不知不知」，意思豁然顯露，所以就依據《帛書老子》改作「不知不知」。一般人總認為自己無所不知，縱使不知，也要強以為知，而絕不肯承認自己無所知。但是，一個人不可能事事皆知，一定有他所不知道的事物，只是愚蠢的自尊蒙蔽了自己而已。所以當一個人能知道自己無所知，當然是很高明，是很了不起的；如果不知道自己無所知，這就是一個大毛病了。

「是以聖人不病。以其病病，是以不病。」「不病」，是說沒有「不知不知」的缺點。「病病」，上一個「病」字是動詞，作「討厭」、「厭惡」講。下一個「病」是名詞。意思是說：聖人沒有「不知不知」的缺點，因為他厭惡這個缺點，所以才沒有這個缺點。這幾句王弼本原作「夫唯病病，是以不病。聖人不病，以其病病，是以不病。」文字繁複，意思也不清楚。《帛書老子》篆本及隸本都作「是以聖人不病。以其病病，是以不病。」比王弼本簡潔而又明暢，所以就依據《帛書老子》加以刪改。

【說明】 本章的主旨全在開頭「知不知，上；不知不知，病。」兩句。蘇格拉底曾說過：「我比別人聰明一點，因為我知道自己愚蠢，而別人不知道自己愚蠢。」知道自己愚蠢是智者，不知道自己愚蠢，才是真正的愚蠢。老子這兩句話和蘇格拉底所說的，文字雖稍有不同，意思卻是相通的。孔子曾經說：「君子知乎哉？無知也。」孔子是至聖，也說自己無所知。由此看來，只有真正的智者，才曉得自己無所知，一般愚人，一輩子也不會曉得的。

第七十二章

民不畏威，則大威至。無狎（ㄒㄧㄚˊ xiá）其所居，無厭（ㄧㄚ yā）其所生。夫唯不厭（ㄧㄚ yā），是以不厭（ㄧㄢˋ yàn）。是以聖人自知不自見（ㄒㄧㄢˋ xiàn），自愛不自貴。故去彼取此。

【譯意】治國者用苛政暴刑威迫人民，人民如果不怕這種威迫，必定反抗作亂，那麼更大的威迫就要降臨到治國者的身上了。所以治國者不要脅迫人民的生存，不要壓榨人民的生活。正因為執政者不壓榨人民，不脅迫人民，人民才不厭棄他而推戴他。所以聖人了解自己位居萬民之上，因此退讓謙下，不求自我表現。自己珍惜自己，而不自認為了不起。所以捨棄「自見」、「自貴」，保持「自知」、「自愛」。

【解析】「民不畏威，則大威至。」「威」，威迫的意思。指國君的苛政嚴刑。「大威」，指人民的造反、革命。是說國君用苛政嚴刑對待人民，人民如果忍無可忍，必定起來造反革命，直至推翻暴政而後止。這對國君而言，就成為「大威」了。

「無狎其所居，無厭其所生」。「狎」，和「狹」同，作「狹隘」講，引申有束縛脅迫的意思。「居」，本作「居處」講，這裡和下文「生」字相同，都是生存、生活的意思。「厭」，就是「壓」字，壓迫的意思。是說當政的人應該除掉苛政，去掉嚴刑，不要脅迫人民的生存，不要壓榨人民的生活，人民自然樂於推戴而不厭。

「夫唯不厭，是以不厭。」上一個「厭」字和「壓」同，下一個「厭」字就是討厭的「厭」。是說在上位的不壓迫人民，人民自然愛戴而不厭棄他。

「是以聖人自知不自見，自愛不自貴，故去彼取此。」「自知」，了解自己的一切。「見」和「現」同，「自見」，自我表現的意思。「自愛」，愛惜自己。「自貴」，自認為了不起。「彼」指「自見」、「自貴」，「此」指「自知」、「自愛」。

【說明】本章是警戒為政的人，不可以用苛刑暴政壓迫人民，逼得人民不能安居，壓得人民無法生存。人民到了走投無路的時候，那就只有鋌而走險，造反革命了。治政者如果能夠效法聖人清靜無為，使得人民各安其居，各遂其生，人民自然樂於擁戴而不會厭棄的。

孔子曾經說過：「苛政猛於虎。」暴君夏桀和商紂被殺，孟子認為只是殺掉一個「匹夫」，不算是「弒君」。儒家和道家治理政治的原理和方法或有不同，但對暴政的深惡痛絕，卻完全是一樣的。

第七十三章

勇於敢則殺，勇於不敢則活。此兩者，或利或害。天之所惡（ㄨˋ wù），孰知其故？是以聖人猶難之。天之道，不爭而善勝，不言而善應，不召而自來，繟（ㄕㄢˋ shàn）然而善謀。天網恢恢，疏而不失。

【譯意】勇於表現剛強，就會送命；勇於表現柔弱，反能生存。兩者同樣是勇敢，但勇於柔弱就有利，勇於剛強就有害。天所以厭惡「勇於敢」的人，誰能曉得它的原因呢？所以聖人還難以說清楚哩。上天的道，不爭強而善於獲勝，不說話而善於回應，不召喚而萬物自動歸附，寬廣坦蕩而善於謀劃。天道的作用好像一個大網似的，籠罩的範圍無所不包，真是廣大極了。它雖然是稀疏的，卻從來沒有一點漏失。

【解析】「勇於敢則殺，勇於不敢則活。」「敢」，意指堅強。「殺」，死的意思。「不敢」，意指柔弱。「活」，生的意思。七十六章說：「堅強者死之徒，柔弱者生之徒。」正可以作為這兩句的解釋。

「此兩者，或利或害。天之所惡，孰知其故？是以聖人猶難之。」「兩者」，指「勇於敢」和「勇於不敢」。「惡」，動詞，厭惡的意思，指「勇於敢」而言。「難之」，難以知道「天之所惡」的原因。「是以聖人猶難之」，這句話和上下文的意思都不相連，可能是注文羼（ㄔㄢˋ chàn，攙雜）入正文，或者是六十三章的文字重複出現，《帛書老子》就沒有這一句。

「天之道，不爭而善勝，不言而善應，不召而自來，繟然而善謀。」「勝」，勝利。二十二章說：「夫唯不爭，故天下莫能與之爭。」所以說「不爭而善勝」。「應」，回應的意思。《論語．陽貨》說：「天何言哉？四時行焉，百物生焉。」「四時行，百物生」，就是「善應」的事實。「自來」，自動歸往。三十五章說：「執大象，天下往。」所以說「自來」。「繟然」，寬廣的樣子。下文說：「天網恢恢，疏而不失。」就是「繟然而善謀」的意思。

「天網恢恢，疏而不失。」「天網」，比喻天道作用的範圍。「恢恢」，廣大的樣子。「疏」，不嚴密，比喻天道無形。「不失」，無所遺漏。是說天的作用無所不包，雖然隱約無形，但萬物無不受到它的生養覆育，毫無遺漏。

【說明】 本章的主旨在說明天道「不爭而善勝，不言而善應，不召而自來，繟然而善謀。」「不爭」、「不言」、「不召」、「繟然」是天道的特性，「善勝」、「善應」、「自來」、「善謀」是天道的效用。特性雖有四個，但可以歸結一個「無為」；效用雖也有四個，但也可以歸結為一個「無不為」。因此本章的主旨就在說明大道無為而無不為。開頭兩句「勇於敢則殺，勇於不敢則活。」是「不爭而善勝」的說明，末尾兩句「天網恢恢，疏而不失。」是「繟然而善謀」的注解。

第七十四章

民不畏死，奈何以死懼之？若使民常畏死，而為奇者，吾得執而殺之？孰敢？常有司殺者殺，夫代司殺者殺，是謂代大匠斲（ㄓㄨㄛˊ zhuó），夫代大匠斲者，希有不傷其手矣。

【譯意】人民飽受苛刑暴政的逼迫，到了不怕以死反抗的時候，執政者怎麼能用死來威脅他們呢？如果人民真怕死的話，一有做壞事的人，我就抓來殺掉，誰還敢再做壞事？天地間冥冥之中一直有專司殺生者來殺戮萬物，不需要人來代勞。如果要代替天地之間的殺生者來主持殺戮，這就好像是不會工藝的人代替木匠砍斲木頭，代替木匠砍斲木頭，很少有不砍傷自己的手的。

【解析】「民不畏死，奈何以死懼之？」「奈何」，就是「如何」。「懼」，動詞，恐嚇的意思。人沒有不怕死的，但在苛刑暴政之下，既不能安其居、遂其生，走投無路，也就只有不惜犧牲生命以死相拚了。在這種情形下，執政者再用死來威嚇他們，也毫無用處。所以說：「奈何以死懼之？」

「若使民常畏死，而為奇者，吾得執而殺之，孰敢？」「使」，和「若」字意思相同，「若使」，如果的意思。「奇」，解作「邪」。「為奇者」，就是做壞事的人。「敢」，指敢於「為奇」。

「常有司殺者殺，夫代司殺者殺，是謂代大匠斲。」「司殺者」，掌管殺生者，指天道。「代司殺者」，指用苛刑暴政殘殺人民的暴君。「匠」，指木匠。「大匠」，大匠之長。「斲」，砍伐的意思。天道對於萬物，自有其法則，如春生、夏長、秋收、冬藏。秋冬肅殺，萬物凋零，就如同自然界的「司殺者」，人君要代它來殺生，就如同笨人代木匠砍伐木頭一樣，木頭砍不好，還要砍傷自己的手，真是無益於人，有損於己，何苦來哉！

【說明】本章在警戒治政者不可用苛刑暴政殘殺人民。「天網恢恢，疏而不失。」自然界的生和殺自有其規律，萬物順從這個規律，就能生存；反之，就會滅亡。人事也是如此。不需要治政者用嚴刑暴政去代天殺人。因為嚴刑暴政，都出於治政者一己的好惡，不合於自然規律。正由於不合自然規律，所以治政者自己也往往受到傷害，這就是所謂自食其果了。

第七十五章

民之飢，以其上食稅之多，是以飢。民之難治，以其上之有為，是以難治。民之輕死，以其上求生之厚，是以輕死。夫唯無以生為者，是賢於貴生。

【譯意】人民所以遭到飢荒，是因為在上位的收稅太多，弄得人民無法自給，所以才遭到飢荒。人民所以難以治理，是因為在上位的有為妄作，弄得人民無所適從，所以才難以治理。人民所以輕視生命，是因為在上位的奉養太過，弄得人民無以維生，所以才輕視生命。因此在上位的恬淡無欲，清靜無為，比起貴生厚養來要高明得多了。

【解析】「民之飢，以其上食稅之多，是以飢。」「食稅」，取租稅而生活的意思。租稅太重，往往使得人民無法維生，遂造成飢荒。孔子的學生冉求為季氏重收賦稅，孔子要學生「鳴鼓而攻」。孟子對收重稅的國君，罵他們為桀紂。可見儒道二家對於苛征暴斂，都是深惡痛絕的。

「民之難治，以其上之有為，是以難治。」「有為」，強作妄為。設刑法，置禁令等都是。「無為而民自化。」（五十七章）「有為」，人民當然難治了。

「民之輕死，以其上求生之厚，是以輕死。」「輕死」，不重視生命。「求生之厚」，就是五十章的「生生之厚。」在上位的「厚生」，人民就「輕死」；反之，在上位的如果恬淡寡欲，人民就能「甘其食，美其服，安其居，樂其俗」（八十章）了。

「夫唯無以生為者，是賢於貴生。」「無以生為」，不以生為事，就是不貴生的意思。「賢」，優的意思。「貴生」，重視生命而厚養之。五十五章說：「益生曰祥。」「貴生」就是「益生」，是不合自然的事情，不如「無以生為」，順其自然。

【說明】　本章在說明人民之所以飢餓，「難治」和「輕死」，是由於在上位的「食稅之多」、「有為」和「求生之厚」。「食稅」是手腕，「有為」是表現，而其目的則在於「生生之厚」，也就是「貴生」。但「貴生」的結果，自己既得不到益處，人民還要受到害處。所以不如「無以生為」，無私無欲，人我同歸於樸，同化於道。

第七十六章

人之生也柔弱，其死也堅強；萬物草木之生也柔脆，其死也枯槁。故堅強者死之徒，柔弱者生之徒。是以兵強則不勝，木強則兵。強大處（ㄔㄨˇ chǔ）下，柔弱處上。

【譯意】人在活著的時候，身體是柔軟的，死掉以後就變為堅硬了。萬物草木活著的時候是柔軟的，死掉以後就變得枯萎了。所以凡是堅強的東西，都是屬於死亡的一類；凡是柔弱的東西，都是屬於生存的一類。因此軍隊強大，反而不能取勝；樹木強大，反而遭到砍伐。凡是強大的，反而居於下位；凡是柔弱的，反而處在上面。

【解析】「人之生也柔弱，其死也堅強；萬物草木之生也柔脆，其死也枯槁。」「柔弱」、「堅強」，指人的身體而言。「柔脆」、「枯槁」，指萬物草木的形體而言。是說人和萬物活著的時候形體柔軟，死了以後則僵硬枯槁。舉人和草木為例，以說明柔弱而生，堅強則死，是自然界的一個通則。

「故堅強者死之徒，柔弱者生之徒。」「徒」，類的意思。這是根據人和草木生則柔弱，死則堅強，所得出的一個原則。以指示人為人做事切忌逞強，而應處於柔弱。所謂「勇於敢則殺，勇於不敢則活。」（七十三章），就是這個意思。

「是以兵強則不勝，木強則兵。」「木強則兵」的「兵」，動詞，砍伐的意思。兵勢強大，就會恃強而驕，反而不能勝敵。淝水之戰，苻堅的軍隊百萬「投鞭可以斷流」，結果卻被五萬晉軍擊敗，就是證明。樹木強大，則為工匠所需，反而遭到砍伐。《荀子・勸學》說：「林木茂而斧斤至焉。」《莊子・山木》中記載一棵大樹因為不成材，沒有用處，因而沒有遭到砍伐，都是同一個道理。

「強大處下，柔弱處上。」「處」，動詞，居的意思。以樹木為例，根幹堅強，卻在下端，枝葉柔弱，反而在上面。六十六章說：「以其不爭，故天下莫能與之爭。」就是這個意思。

【說明】 本章藉自然現象——「人之生也柔弱，其死也堅強；萬物草木之生也柔脆，其死也枯槁。」來說明柔弱和剛強的得失好壞，而教人棄強取弱，捨剛守柔。牙齒堅固，反而脫落，舌頭柔弱，反而保存，這是多麼好的一個啟示啊！

第七十七章

天之道，其猶張弓與（ㄩˊ yú），高者抑（ㄧˋ yì）之，下者舉之；有餘者損之，不足者補之。天之道，損有餘而補不足？人之道，則不然，損不足以奉有餘。孰能有餘以奉天下？唯有道者。是以聖人為而不恃，功成而不處，其不欲見（ㄒㄧㄢˋ xiàn）賢。

【譯意】天道的作用，就像張開弓一樣吧！弦高了就把它壓低，弦低了就把它升高，弦長了就把它減少，弦短了就把它加長。天之道，是減少有餘的，用來彌補不足的，但人的道卻不是這樣的，偏要剝奪不足的，用來供給有餘的。誰能體行天道，把有餘的供給天下不足的？只有有道的人才能如此。所以聖人作育了萬物，而不認為有能力；成就了萬物，而不占居其功勞。他無私無欲，一切順應自然，不願表現自己的才德。

【解析】「天之道，其猶張弓與。」「猶」，如同的意思。「張弓」，把弦扣在弓上叫「張弓」，把弦卸下來叫「弛弓」。「與」與「歟」同，感嘆詞。

「高者抑之，下者舉之；有餘者損之，不足者補之。」四句話是形容調整弓和弦的情形。弦位高了就放低，所以說「高者抑之」。弦位低了就抬高，所以說「下者舉之」。弦長而有餘就去掉，所以說「有餘者損之」。弦短不夠就添補，所以說：「不足者補之」。

「是以聖人為而不恃，功成而不處，其不欲見賢。」「其」，指「聖人」。「見」，和「現」同，表現的意思。「見賢」，表現才能功德。聖人無私無欲，所以「為而不恃，功成而不處。」「不欲見賢」，則綜合以上二者而言。

【說明】 本章用「張弓」來比喻天道的完滿與和諧。其和諧之道就是「損有餘而補不足」。唯有聖人，無私無欲，能夠表現天道，而一般人由於有私有欲，則「損不足以奉有餘」，表現完全和天道相反，這就是為什麼老子要人「法天」、「法道」的原因。

第七十八章

天下莫柔弱於水，而攻堅強者莫之能勝。以其無以易之。弱之勝強，柔之勝剛，天下莫不知，莫能行。是以聖人云：「受國之垢，是謂社稷主；受國不祥，是謂天下王。」正言若反。

【譯意】天下的東西，沒有比水更柔弱的了。可是攻堅克強的能力沒有能勝過它的，因為沒有東西可以代替它。弱能夠勝強，柔能夠克剛，這個道理沒有人不知道，但卻沒有能夠實行。所以聖人說：「能夠承受全國的屈辱，才算得上是國家的君王；能夠承受全國的災殃，才算得上是天下的君王。」正面的話，恰似反面的意思。

【解析】「天下莫柔弱於水，而攻堅強者莫之能勝。」「莫之能勝」，就是「莫能勝之」。「之」指水。水在圓則圓，在方則方，阻止它就停止，排決它就流行；但水能懷山襄陵，磨鐵銷金。它是世界上最柔弱的東西，但它這種摧堅克強的能力，卻沒有任何一樣東西能夠勝過它。

「以其無以易之。」「以」，因為的意思。「無以」，不能的意思。「易」，代替的意思。是說因為沒有任何東西可以代替水。

「受國之垢，是謂社稷主；受國不祥，是謂天下王。」「垢」，本指汙垢，引申指所有雌、辱、後、下等。「社稷主」，就是國君。「不祥」，不吉祥，指災禍。「天下王」，和上文「社稷主」意思相同，只是換一個詞罷了。

這是說處身愈卑下，受屈辱愈多，所成就的也就愈大。能夠承受全國的屈辱，當然能成為全國的君主。六十六章說：「江海所以能為百谷王者，以其善下之，故能為百谷王。」和這是同一個道理。

「正言若反。」「正言」，合於真理的話，相當於「常道」。這是說「受國之垢，是謂社稷主；受國不祥，是謂天下主」這兩句話，是自然的常道，是至理名言，但世俗人卻以為是反言，所以說「正言若反」。

【說明】 本章是用水性柔弱，而無堅不摧，無強不克，來說明柔弱勝剛強的道理。這個道理一般人雖知道，但不能實行，原因就在這種常道，表面看來，完全和世俗的情形相反。

只有聖人能夠效法天道，謙沖自牧，「受國之垢」、「受國不祥」，因而能得到眾人的推戴，而作為社稷之主、天下之王。

第七十九章

和大怨，必有餘怨，安可以為善？是以聖人執左契，而不責於人。有德司契，無德司徹。天道無親，常與善人。

【解析】如果有重大的仇怨，縱使把它調解，也會有餘怨藏在心底，這怎能算是好的辦法？所以聖人待人，謙下柔弱，就好像拿著左契，只給與人而不向人索取，這樣仇怨根本無從產生，哪裡還需要調解呢？有德的人對待人，就如同握有左契一樣，只給與人，而不向人家索取；沒有德的人對待人，就如同掌管稅收一樣，只向人索取，而不給與人家。天道是無所偏私的，會經常幫助好人。

【解析】「和大怨，必有餘怨，安可以為善？」「和」，調和、調解的意思。「怨」，仇恨。「安」，解作「何」或「如何」，相當於口語的「怎麼」。這是說有了大仇恨，雖經調解，還是會有餘怨存在，不能完全消除，最好的方法是不讓仇怨產生。

「是以聖人執左契，而不責於人。」「契」，券契，相當於現在的合同，剖分左右，雙方各拿一半，作為信物，以便將來合對。「左契」是券契左面的一半，「右契」尊上，相當於現在的存根，是準備向人家索取的，「左契」卑下，只能等人家索取。所以說：「執左契，而不責於人。」「責」，責求、索取的意思。

「有德司契，無德司徹。」「司」，掌握、掌管的意思。「契」，就是「左契」簡省的說法。「徹」，周代賦稅的名稱，一百畝抽取其十畝。這是說有德的人好像掌握左契，只給與人而不向人索取；沒有德的人，好像掌握賦稅，只向人索取而不給與人。

「天道無親，常與善人。」「親」，偏私的意思。「與」，幫助的意思。「善人」，指上文「執左契而不責於人」的人，因為只給與而不索取，完全合於「生而不有，為而不恃，長而不宰」（五十一章）的天道，所以天道就幫助他。

【說明】本章旨在說明為人不可以結怨，結了怨，縱使排解了，怨恨還是不能完全消除。而不結怨的方法，就在給與人而不向人索取，好像掌握「左契」一樣。這種只與而不取，看起來好像很吃虧，其實不僅吃不了虧，還受益無窮，所謂「既以為人已愈有，既以與人已愈多」，因為天道是沒有偏私的，常常幫助好人。套句俗話說：好人總是有好報的。

第八十章

小國寡民，使有什伯之器而不用，使民重死而不遠徙（ㄒㄧˇ xǐ）。雖有舟輿，無所乘之；雖有甲兵，無所陳之。使民復結繩而用之。甘其食，美其服，安其居，樂其俗。鄰國相望，雞犬之聲相聞，民至老死不相往來。

【譯意】 理想的國家是：國土很小，人民很少。沒有衝突紛爭，縱使有各種武器也不運用；沒有苛刑暴政，人民不需冒著生命的危險遷移到遠方。雖有船隻車輛，也沒有機會乘坐；雖有鎧甲兵器，也沒有機會陳列。使人民回復到古代用結繩來記事。人人恬淡寡欲，吃的雖是粗食，但覺得很甘美；穿的雖是破衣，但覺得很漂亮；住的雖是陋室，但覺得很安適；風俗雖很簡樸，但覺得很快樂。和鄰國之間彼此都可以看得到，雞鳴狗叫的聲音彼此也可以聽得著，但人民從生到死，也不相往來。

【解析】「小國寡民，使有什伯之器而不用，使民重死而不遠徙。」「寡」，少的意思。「什伯」，古代軍隊的編制，五個人稱為伍，十個人稱為什，百個人稱為伯。「什伯之器」，是十人百人共用的器具，指武器，如兵革等。「有什伯之器而不用」，表示沒有戰爭。「重死」，愛惜生命。「徙」，遷移的意思。「重死而不遠徙」，表示沒有暴政。

「雖有舟輿，無所乘之；雖有甲兵，無所陳之。」「舟輿」，船和車。「甲兵」，鎧甲和兵器。「陳」，陳列的意思。「雖有舟輿，無所乘之。」承上文「重死而不遠徙」而言，「雖有甲兵，無所陳之。」承上文「有什伯之器而不用」而言。

「使民復結繩而用之。」「民」，王弼本原作「人」，《帛書老子》隸本作「民」，本章前後都用「民」，這裡用「人」字，和前後文不一致，所以依據《帛書老子》隸本改作「民」。「結繩」，上古時代沒有文字，人民用繩子打結來記事情，事大就打個大結，事小就打個小結，事有很多種，結也有各種形狀，叫做結繩。後來文字產生了，結繩記事的方式就漸漸地消失了。「結繩而用之」，是說不用文字，回復到古代那種簡單純樸的生活。這是老子的復古思想。

「甘其食，美其服，安其居，樂其俗。」「甘」、「美」、「安」、「樂」，都是動詞。並不是說食物真的「甘」，衣服真的「美」，只是因為人民恬淡知足，沒有欲望，所以吃的雖粗疏，卻覺得很甘；穿的雖破舊，卻覺得很美；住的雖簡陋，卻覺得很安；風俗雖單純，卻覺得快樂。這是一種心境的滿足。

「鄰國相望，雞犬之聲相聞，民至老死不相往來。」因為民心恬淡無欲，民風純厚質樸，大家都沒有什麼需求，而鄰國的情形也是如此，所以縱使「雞犬之聲相聞」，人民也「老死不相往來了」。

【說明】本章是老子對他的理想國所作的具體的說明。在這個國度中，政治是「無為而治」，所以人民「重死而不遠徙」，「雖有車輿，無所乘之。」軍事是因為沒有戰爭，「有什伯之器而不用。」「雖有甲兵，無所陳之。」文化是「復結繩而用之。」人民的物質生活能夠免於匱乏，而精神卻非常充實，所以生活樸素而愉悅。所謂「甘其食，美其服，安其居，樂其俗。」國際之間相安無事，「鄰國相望，雞犬之聲相聞，民至老死不相往來。」整個天下一片清靜，一片純樸。這真是一個充滿了真、善、美的世界。

第八十一章

信言不美，美言不信。善者不辯，辯者不善。知者不博，博者不知。聖人不積，既以為（ㄨㄟˋ wèi）人己愈有，既以與人己愈多。天之道，利而不害；聖人之道，為而不爭。

【譯意】真實的話不好聽，好聽的話不真實。有德的人透過行為來表現他的德，不需要用言語來辯解；用言語來辯解的人，不是有德的人。知道的人曉得宇宙間的大道就在自己心中，不必廣心博騖；知識廣博的人，未必對大道有真知。聖人沒有私心，什麼都無所保留，盡其全力幫助別人，自己反而更充足；傾其所有給與別人，自己反而更富有。天道無私，只有利於萬物，而不會對萬物造成傷害。聖人順天道而行，只是貢獻施與，而不和人家爭奪。

【解析】「信言不美，美言不信。」「信」，真實的意思。「信言」就是真話。「美言」，悅耳動聽的話。孔子曾說：「巧言，令色，鮮矣仁。」（《論語・學而》）說話重要在於內容是不是真實，而不在於是否漂亮動聽。但一般人往往喜歡聽「美言」，而不喜歡聽「信言」，這就是為什麼「忠言逆耳」了。

「善者不辯，辯者不善。」「善者」，指有德的人。「辯」，爭論是非叫「辯」。有德的人木訥寡言，而用行為表現他的德。孔子弟子，顏回、曾參最賢，而顏回如愚、曾參魯鈍，就是一個很好的例證。縱使有什麼冤屈，也不必用言語來爭論是非，還是要透過行為來辯解。因為事實總是勝於雄辯的。

「知者不博，博者不知。」事的後面必定有理。一個理可以散為萬事，萬事也可以合為一理。所以能夠知道理就可以掌握萬事，四十七章說：「不出戶，知天下。」《莊子・天地》說：「通於一而萬事畢。」都是這個意思。因此知道理就不必博知萬事，反之，雖博知萬事也不是真知。

「聖人不積，既以為人己愈有，既以與人己愈多。」「積」，積蓄、保留的意思。「既」，盡的意思。「為人」，幫助人。老子主張「儉嗇」，五十九章又說：「重積德」。既主張「重積」，又主張「不積」，二者粗看起來似乎互相矛盾，其實不然。「重積」的是道和德，「不積」的是財和貨。正因為不積財貨，才能重積道德。所以「不積」是「重積」的手段，「重積」是「不積」的目的。所以，「既以為人己愈有，既以與人己愈多。」「愈有」、「愈多」，就是指道德愈豐愈滿。

「天之道，利而不害；聖人之道，為而不爭。」五十一章說：「生而不有，為而不恃，長而不宰。」這是天道的「利而不害」。第九章說：「功遂，身退。」七十七章說：「是以聖人為而不恃，功成而不處，其不欲見賢。」這是聖人的「為而不爭」，正是效法天道的「利而不害」。

【說明】本章主旨在說明聖人能效法「利而不害」的天道，而表現「為而不爭」。但正因為不爭，結果，「天下莫能與之爭。」（六十六章）所以，「既以為人己愈有，既以與人己愈多。」俗話說：「施者比受者有福。」就是這個意思了。

結語

結語

讀完了《老子》全書後，大家對老子的思想可能已經有了一個概略的認識，但大家也一定要問，老子的思想有沒有一個系統？還有，他的思想的精神在哪裡？價值又在何處？對後世的影響又如何？以上這些問題，是任何一個閱讀有關思想典籍的人都會提出的，讀《老子》當然也不會例外。所以，我們謹將老子的思想系統、精神、價值、影響，依次說明於下：

一、老子思想的系統

在我國先秦諸子中，老子的思想最有系統，有層次，現在分宇宙、人生、政治三方面來說明。

（一）宇宙論

先秦時代，百家爭鳴，是我國學術思想的黃金時代。但各家所討論的問題，都集中於人生修養和治政方術，很少涉及到宇宙的問題。只有道家，除研究人生、政治的問題外，更進而探討宇宙各種問題，而老子在這方面談的更多，因為宇宙論是老子思想的基礎。也因此，老子的思想比儒、墨、名、法各家，就顯得更為深刻。老子宇宙論大致可分為宇宙的本源、宇宙的生成、宇宙的變化三方面，茲分別說明如下：

(1)宇宙的本源。宇宙論是老子哲學的基礎，而宇宙的本源論，則是宇宙論的中心。因此，整個老子的哲學，可以說完全在這個本源論裡面。把這點掌握住以後，老子的哲學就很容易了解了。

關於宇宙的本源，西方的哲人往往用水、火、風、數、原子等物質來說明，但這太具體、太落實了，往往不能涵蓋萬物，貫穿所有的問題。老子以無上的智慧，當然不會用這些淺顯的東西來作為宇宙的本源。他認為宇宙的本源是什麼呢？二十五章說：

有物混成，先天地生。寂兮寥兮，獨立而不改，周行而不殆，可以為天下母。吾不知其名，字之曰道。

第四章說：

道沖，而用之或不盈。淵兮似萬物之宗。……吾不知誰之子，象帝之先。

這個「道」，就是宇宙的本源，是天地萬物所以生的總原理。這是老子偉大的發現。道既是宇宙的本源，是天地萬物所以生的總原理，當然和天地萬物不同。天地萬物是事物，可稱之為「有」；道不是事物，是形而上的存在，只可稱之為「無」。但道能創生天地萬物，又可稱之為「有」。道兼有「有」和「無」，說的清楚一點，「無」是道體，「有」是道用。但體必先於用，所以「無」的層次，要較「有」為高。《老子．四十章》也說：「天下萬物生於有，有生於無。」

「無」就是道。不過這個「無」，是對具體事物的「有」而言，並不是等於零。道是天地萬物所以生的總原理，怎麼能等於零呢？如果等於零，怎麼能創生萬物？道既不是實體，又不是空無所有，那麼它是一個怎樣的狀態呢？老子說它是「無狀之狀，無物之象。」（十四章）其實，道只不過超乎現象界而已，它不是我們的感官所能捉摸認識的，所以「視之不見」，「聽之不聞」，「搏之不得」（十四章）。它是一種「惟恍惟惚」的存在狀態，二十五章所謂的「有物混成」，也就是指道體的渾融狀態。正因為它空虛渾融，才能盡稽萬物之理，才能化生宇宙萬物，如果有常操，怎麼能成為宇宙萬物的本源呢？所以《韓非子·解老篇》說：「道者，萬物之所以然也，萬物之所稽也。……萬物各異理，而道盡稽萬物之理，故不得不化。不得不化，故無常操。」

道既超越時間，也超越空間而存在。既無所謂壽夭生死，也無所謂大小廣狹。《莊子·大宗師》說它是「在太極之先而不為高，在六極之下而不為深，先天地生而不為久，長於上古而不為老。」它雖創生萬物，自己本身卻絲毫無損，並且這種創生能力永不止息，無所不至。所謂「獨立而不改，周行而不殆」就是了。

道既是一種超乎時空的形上存在，當然不能依知覺去證驗，也無法用言語去稱說，所以《老子》書開宗明義就說：「道可道，非常道。」這正與佛家所說的「說是一物即不中」的道理相同。我們雖很不得已地把它解析一番，也難以清清楚楚地說出它究竟是什麼，並且還恐怕愈解析，離題愈遠呢！因此，對道真正的體認，還在於個人的心領神悟。只要能體會「混成」、「恍惚」兩個詞的意趣，明瞭它超時空的特色，那麼想了解道體，就不是一件很困難的事了。

(2)宇宙的生成。道是宇宙的本源，這本源指的是道的「體」，至於道如何創生萬物，以及萬物創生後的變化，則是指道的「用」。就是因為道體有它的用，才能使宇宙形成，而道體的存在，也才有意義；否則，道體的存在還有什麼意義呢？因此，體認了道體之後，對於道用的創生萬物，還需要作個了解，才能深明老子哲學的基礎。茲分生成過程與生成原則兩點來說明。

(a)生成過程。老子說：

道生一，一生二，二生三，三生萬物。（四十二章）

道的本體是「無」，那麼「道生一」，就是「無」生「有」，「一」應該是「有」。「有」並非具體的事物，四十章說：「天下萬物生於有，有生於無。」第一章說：「無，名天地之始；有，名萬物之母。」它是道在恍惚混沌狀態，已變而尚未成具體事物之際的名稱。道從「無狀之狀，無物之象」經過「有」這個階段，然後才能生出宇宙萬物。「一」既是

「有」，那麼「一」當然也非具體的事物。所以王弼稱之為「數之始而物之極。」（三十九章注）《莊子．天地》也說：「泰初有無，無有無名，一之所起，有一而未形。」以理氣二者來說，「道」是理，「一」就是氣。「道生一」就是理生氣。這氣是陰陽未分之前的「一氣」。「二」就是陰陽二氣。「三」除陰陽二氣外，再加上陰陽二氣交合而生的和氣。「道生一，一生二，二生三」就是說道由混沌狀態演化而成一氣，由一氣演化而成陰陽二氣，再由陰陽二氣交合而生和氣，然後萬物於是逐漸形成。這就是宇宙生成的過程。

道在創生萬物之後，即與萬物同體，內存於萬物之中，衣養覆育著萬物。不過，內在於萬物之中的道，不叫做「道」，而叫做「德」。道是德的本體，德是道的作用。道和德只有體與用的分別，沒有本質上的差異。德是道顯現於萬物者，也就是說，萬物得之於道的就是德。所以萬物在創生以後，還是秉有道的全性。

(b)生成原則。道雖生化萬物，覆育萬物，卻無絲毫私心要主宰他們，占有他們，而完全是自然而然，無心而成化。老子嘗說：

大道泛兮，其可左右。萬物恃之而生而不辭，功成不名有，衣養萬物而不為主。（三十四章）

又說：

道生之，德畜之，物形之，勢成之。是以萬物莫不遵道而貴德。道之尊，德之貴，夫莫之命而常自然。故道生之，德畜之、長之、育之、亭之、毒之、養之、覆之。生而不有，為而不恃，長而不宰。（五十一章）

道創生覆育萬物，完全是「莫之命而常自然。」正因為道因任自然，它才能得到萬物的推崇、尊敬。所以「自然」二字，便是道創生萬物的原則。老子又說：

道法自然。（二十五章）

所謂「自然」，就是自然而然，無心自化，並不是在道的上面還有一個叫做「自然」的東西，而為道所遵從效法。正因為它一切都順乎自然，毫無期圖，所以萬物才能遂其所生，而道才能盡其生化萬物之功。這就是所謂：

道常無為，而無不為。（三十七章）

反之，道若有所期圖，有所作為，反而破壞了萬物的平衡和諧，那是戕害萬物，哪裡談得到生化呢？

⑶宇宙的變化。上文說過道不但創生萬物，也衣養萬物；而且這種創生衣養，完全順乎自然，絲毫沒有自私或勉強的意味。至於萬物生立與否，全在乎能否自展道性。因此，就物來說，便必須法道、從道。所以老子說：

人法地，地法天，天法道。（二十五章）

孔德之容，惟道是從。（二十一章）

所謂「法道」、「從道」，並非萬物的意願，而是不得不然。因為宇宙萬物根本就是為道所生養覆育，所以不能離開道而自由演變。其實，道生養覆育萬物，萬物法道、從道，根本就是一件事的兩面，只是立場不同，說辭各異而已。

道既是宇宙萬物生成的本源，同時又是宇宙萬物變化的法則，這個變化的法則，就是老子所說的：

反者道之動。（四十章）

「反」是大道運行的規律，當然也是宇宙萬物變化的法則。「反」字的意義有三：(a)相反相成(b)反向運動(c)循環反覆。

(a)相反相成。老子以為道體自身獨立超然，宇宙一切現象，都是由相反對立的形態所構成。有美就不能無醜，有善就不能無惡，所以老子說：

天下皆知美之為美，斯惡矣；皆知善之為善，斯不善矣。（第二章）

《道德經》的相對詞特別多，在第二章的「解析」中已全部列舉，這裡不再重複。宇宙萬物固然相反對立，但也相輔相成，所以老子曾說：

有無相生，難易相成，長短相形，高下相傾，音聲相和，前後相隨。（第二章）

善人者，不善人之師；不善人者，善人之資。（二十七章）

善人是不善人的老師，不善人是善人的借鏡，這不正是相反相成嗎？以貓和鼠為例，貓的價值在捕鼠，假定世界上的鼠都死光了，貓也就失去牠的價值了。所謂「狡兔死，走狗烹；飛鳥盡，良弓藏。」正是相反相成的另一說法。

(b)反向運動。宇宙萬事萬物既然無不相反對立，而老子特別重視負面的、反面的價值。三十九章王弼注說：「高以下為基，貴以賤為本，有以無為用。」已把這個意思詮釋得很清楚。我們現在再引老子自己的話來說明。老子說：

曲則全，枉則直。窪則盈，敝則新。（二十二章）

曲、枉、窪、敝是人人都討厭的，但老子卻認為全、直、盈、新，就在其中，只是這個道理一般人不知道罷了。所以他說：

後其身而身先，外其身而身存。（第七章）

謙讓退後，反而能得到推戴；捨己為人，反而能身受其益。這和儒家的「滿招損，謙受益」，是同一道理。因此，老子要人守柔，居下，要人無知，抱樸，要人居於反面，因為反面才是到達正面的捷徑。一般人都喜歡追求美的、好的、正面的，結果適得其反。所以老子說：

明道若昧，進道若退，夷道若類。（四十一章）

既以為人己愈有，既以與人己愈多。（八十一章）

將若歙之，必固張之。將欲弱之，必固強之。將欲廢之，必固舉之。將欲奪之，必固與之。（三十六章）

明瞭這個道理，就知道老子為什麼要說「弱者道之用」；而老子的哲學，為什麼被人家稱為「弱道哲學」了。

(c)循環反覆。「相反相成」、「反向運動」，固然是宇宙萬物變化的法則，但這個法則的極致，還在「循環反覆」。因為道體的運動，就是反覆不已的。老子說：

有物混成，先天地生。……吾不知其名，字之曰道，強為之名曰大。大曰逝，逝曰遠，遠曰反。（二十五章）

正因為道周流不息，回運不已，才能成就緜延不盡的生命，才能成為萬物依循的常軌。而宇宙萬物由道所創生，最後也要返回他們的本源——道。這就好像是花葉由根而生，最後復歸於根；浪濤由水而成，最後復歸於水。老子說：

致虛極，守敬篤。萬物並作，吾以觀復。夫物芸芸，各復歸其根；歸根曰靜，是謂復命。復命曰常。（十六章）

道的本體虛無寂靜，萬物出而生動，入而寂靜。所以萬物歸根，就是歸於寂靜。道生萬物，是由無而有；復歸於道，是有歸於無。所以「歸根」也可以說是萬物復歸於本性。

而這種歸根復命的活動，正是道體運行的常軌，也正是萬物共同遵守的法則。所以說：「歸根曰靜，是謂復命，復命曰常。」

「循環反覆」既然是一種自然律，是萬物共同遵守的法則，人世間的一切，自然也不能例外。所以老子說：

> 禍兮福之所倚，福兮禍之所伏。（五十八章）
> 正復為奇，善復為妖。（五十八章）

儒家所謂「剝極必復」、「否極泰來」，和這個是同樣的道理。這是宇宙的奧祕，但也是不變的常軌。

（二）人生哲學

前面我們說過，萬物都需要循道而運動，人是萬物之靈，當然也要法道而行了。因此，整個老子的人生哲學，實在是宇宙論的表現。如果把它歸結起來，也只有「自然無為」一句話而已。照著這句話去做，人們自可與道合一，與自然和諧，而了無凶災。其中，又可分為幾個較具體的法則。

(1)抱樸守真。真樸是道的本質。抱樸守真就是抱持渾樸的精神，保守天真的本性，以免為外在的事物所蒙蔽，為自己的嗜欲所陷溺，而離道去德，進而混亂社會，擾動世俗。所以老子說：

> 敦兮其若樸。（十五章）
> 見素抱樸。（十九章）
> 復歸於樸。（二十八章）

老子書中常以「嬰兒」比喻天真。因為人類保真最徹底而純正的，莫如嬰兒。所以老子說：

> 專氣致柔，能嬰兒乎！（第十章）
> 常德不離，復歸於嬰兒。（二十八章）
> 含德之厚，比於赤子。（五十五章）

嬰兒不知不識，純然天機，無所謂善，也無所謂不善，這不正是至真至樸的境界嗎？

⑵輕利寡欲。人的道性會受外物所蒙蔽，這外物是什麼呢？不外名利財貨、聲色犬馬而已。然而，不論其中的哪一項，都足可令人心迷神醉，何況人往往全部都要追逐，並且沒有止境呢？其實，平心靜氣的想一想，這些東西真的值得我們去追求嗎？就拿名利財貨來說吧！哪一個不是身外之物？如果以為追求的過程自有樂趣存在，或是把獲得它們當成至上的愉悅，則這種愉悅與樂趣，也只能作為一時的自我陶醉的針劑而已。試想：如果有一天失去了這些財利，是否還能快樂而不哀傷呢？如果回想當初為追逐一時之快，身體精神兩受疲累，恐怕懊悔也來不及了。難怪老子要大嘆：

名與身孰親？身與貨孰多？（四十四章）

更何況即使得到了，也未必能長久享受，說不定還會帶來災禍呢？所以老子發人深省地說：

金玉滿堂，莫之能守；富貴而驕，自遺其咎。（第九章）

名利財貨是如此，聲色犬馬也是如此。本來，飲食視聽，自有生理上的基本需求，滿足也就算了，多了，反而沒有好處。所以老子說：

五色令人目盲，五音令人耳聾，五味令人口爽，馳騁畋獵，令人心發狂。（十二章）

聖人為腹不為目。（十二章）

所謂「為腹不為目」，指的正是滿足生理的需要，不作貪婪的追求。這樣，不但身體健康，神志也可以清明。無奈世人多不如此，妄念奇想層出不窮，不但自身遭到損害，更造成社會的紊亂，真是罪莫大焉。

當然，財貨是人生所不可缺乏的憑藉，飲食是軀體所不可缺乏的動力。我們所謂不追逐、不貪欲，並非一概抹煞其存在意義，只是叫人有所節制，不過分貪求而已。這也就是老子所說的：

少私寡欲。（十九章）

知足不辱，知止不殆，可以長久。（四十四章）

正因為如此「寡欲」、「知足」、「知止」，而後身心才能各得其正。須知：

禍莫大於不知足，咎莫大於欲得。（四十六章）

過分貪心，不但不能獲得滿足，恐怕還要招致災禍呢！

除了在量的方面要知足節制以外，所謂「輕利寡欲」尚有另外一層意義，那就是在追求過程中也要自然而不強求。這兩層意義如果忽視了任何一端，都會貽害無窮的。

(3)絕巧棄智。人除了為財貨聲色等外物蒙蔽外，自己心志的馳騖也往往使人步入歧途。而所謂心志的馳騖，就是表現個人的智巧。一般人總是好耍聰明、弄技巧，以為不這樣就不能表現自己的高明，不如此就不能獲致功績，殊不知其結果反而奇物滋起，亂事迭生。社會因而紊亂不安，自身更是終日惶惶。所以老子說：

智慧出，有大偽。（十八章）

絕聖棄智，民利百倍。（十九章）

如果過分馳騁個人的才智，則必心力交瘁而所知愈不明，甚至為人所利用，而危害社會，難怪老子要說：「智慧出，有大偽。」這樣，還不如沒有智慧的好呢？技巧也是一樣，愈發達則爭奪愈多，盜賊蠭起。所以老子說：

絕巧棄利，盜賊無有。（十九章）

老子反對智巧，並不是要人變成白痴，只是要人不妄用智巧，而順應自然罷了，所謂「大巧若拙」（四十五章），就是這個意思。荀子曾說：「大巧在所不為，大智在所不慮。」（《荀子．天論》）都和老子的意見不謀而合。可見哲人的看法都相去不遠。

(4)致虛守靜。班固《漢書．藝文志．諸子略序》敘述道家說：「清虛以自守，卑弱以自持，此其所長也。」「清虛」就是「虛靜」。虛靜是道家的特點，其重要可想而知。我們知道，道體原本虛靜，人體道而行，自然要守虛靜了。老子說：

致虛極，守靜篤。萬物並作，吾以觀復。（十六章）

虛則能受，靜則能觀。人的心靈本來是虛明寂靜的，但往往為私欲所蔽，而昏昧紊亂。所以必須「致虛」、「守靜」，克去私欲，使心體回復本性的清明寂靜，然後才能不致為紛雜的外物所擾亂，才能觀察出萬物演化歸根，才能悟道，才能修道。荀子論修心也說：「虛一而靜謂之大清明。」（《荀子．解蔽》）可見虛靜工夫不僅道家重視，儒家也很重視。

靜不僅能觀，也能勝躁、勝動，所謂「以靜制動」就是。所以老子說：

重為輕根，靜為躁君。（二十六章）

牝常以靜勝牡。（六十一章）

虛不僅能受，也能成己、成物，所謂「虛懷若谷」就是。所以老子說：

上德若谷。（四十一章）

大盈若沖，其用不窮。（四十五章）

虛靜有這麼多的好處，難怪老子要勉勵人「致虛極，守靜篤」了。

⑸無私不爭。前面所說的真樸、虛靜，大抵是就個人修養而言的；至於處事法則，老子也講得很清楚，總括起來，可分為兩大項：在待人方面，要無私無我，卑弱不爭；在接物方面，要無為自然，不驕不矜。這裡先談待人的法則。

社會是人的結合體，社會的紛亂，起源於人群的不和睦，也就是起源於人的爭端。因而，要泯滅紛亂，必先消除爭端，而消除爭端，必先化解個人的私執。由於個人有私執，近則固執己見，僅顧私利；遠則互爭貨利，互逐聲名。這樣，社會怎能不紊亂呢？所以，老子在待人方面，首先就提出無私、無我。他說：

吾所以有大患，為吾有身，及吾無身，吾有何患？（十三章）

這「無身」，就是無我、無私。人能如此，不僅自身安適自得，也不會擾動世俗，何樂而不為？在無我、無私的前提下，老子所操持的待人態度，便是柔弱不爭。他說：

上善若水。水善利萬物而不爭，處眾人之所惡，故幾於道。（第八章）

江海所以能為百谷王者，以其善下之，故能為百谷王。（六十六章）

我有三寶，持而保之。一曰慈，二曰儉，三曰不敢為天下先。（六十七章）

「不敢為天下先」，就是「不爭」。不爭的結果，是「天下莫能與之爭」。老子識透其中道理，所以說：

聖人後其身而身先，外其身而身存，非以其無私耶？故能成其私。（第七章）

謙下不爭的功用如此昭顯，人何必再汲汲於私利己見？只要順應自然，就能既利人又利己了。

(6)無為不矜。急功好利，是常人易患的毛病。結果，不僅難以立功，還要招致失敗。

其原因，就在過分有為的關係。老子說：

為者敗之，執者失之。（六十五章）

創事立功，要想無敗無失，只有自然無為，順應時勢，該動則動，該止則止。也就是要「為無為，事無事」（六十三章）；唯有抱著因任自然「無為」、「無事」的態度去「為」、去「事」，才不致失敗，而能達成永恆的偉業。試看：

聖人無為，故無敗；無執，故無失。（六十四章）

不言之教，無為之益，天下希及之。（四十三章）

人除了急功好利，表現有為外，還喜歡炫耀自己，自矜自誇，其結果一定是無功無勞。因為無功而矜誇，固令人厭惡；有功而矜誇，也會貶低自己的功勞。所以老子說：

自見者不明，自是者不彰，自伐者無功，自矜者不長。（二十四章）

反之：

> 不自見，故明；不自是，故彰；不自伐，故有功；不自矜，故長。（二十二章）

「自矜者不長」，「不自矜，故長」，這正是「滿招損，謙受益」的另一說法。自矜自誇，是自居其功，自恃其德，有我有私，皆不合道。所以，其結果必至自我否定——不長。若不居其功，不恃其德，無我無私，最後反而可能功德交歸。後漢馮異，就是一個最好的例證。所以老子說：

> 功成而不居。夫唯弗居，是以不去。（第二章）

（三）政治思想

希臘哲學家柏拉圖曾著有《理想國》一書，表現他的政治理想。老子雖沒有那樣的專著，卻也有他的理想國。他的政治理想，具體表現於《道德經》八十章。原文是：

「小國寡民，使有什伯之器而不用，使民重死而不遠徙。雖有舟輿，無所乘之；雖有甲兵，無所陳之。使民復結繩而用之。甘其食，美其服，安其居，樂其俗。鄰國相望，雞犬之聲相聞，民至老死不相往來。」（八十章）

在這一國度裡，沒有苛政，沒有戰爭。人民淳樸，生活簡單，但甘食美服，安居樂業。不需要奔波勞碌，也沒有恐懼煩惱，這是一個多麼美好的世界。這一個「世外桃源」，和柏拉圖的理想國一樣，恐怕永遠無法在人世間實現；但正因為無法實現，也才特別令人嚮慕，令人神往。

理想國無法實現的原因，有主觀的，有客觀的。主觀的原因是人類自私、多欲；客觀的原因是人類孳生繁衍，越來越多，流品越來越雜；而知識技巧也越來越「進步」。因此，要實現理想國，必先要克服主觀和客觀的阻礙。而老子的政治理論，正是為了克服這些阻礙而設。

(1)守道抱一。道是宇宙萬物的本源，也是宇宙萬物演化的法則。待人處世要以它為規範，治政當然也要以它為最高指導原則。因此，治政者的第一要務，就是守道。老子曾說：

道常無為而無不為，侯王若能守之，萬物將自化。（三十七章）

又說：

侯王若能守之，萬物將自賓。（三十二章）

治政者守道順道當然是應該的；但為什麼還要抱一呢？原來一雖然是由道而生，但卻是「數之始而物之極」（王弼注），所以又可以代替道。抱一就是抱道。老子曾說：

是以聖人抱一為天下式。（二十二章）

侯王得一以為天下貞。（三十九章）

守道抱一，只是治政的原則，至於治政的方法，則有下列幾端。

⑵無為自化。所謂「無為」，並非一無作為，而是順應自然，不造作，不妄為的意思。無為是手段，自化則是目的。老子說：

我無為而民自化，我好靜而民自正，我無事而民自富，我無欲而民自樸。（五十七章）

因為宇宙萬物的創生，自有其天然的和諧在，只要依道而行，自然生生不已，不必加以干預。治人也是如此，人人都有道性，也就是說人人都有自治的能力，為人君的，不過在促使萬物自化，人人自治而已，並不需要橫加干預。六十四章說：「輔萬物之自然，而不敢為。」就是最好的證明。

在老子看來，「天下神器，不可為也，不可執也。」（二十九章）高明的治政者懂得這個道理，所以「治大國，若烹小鮮。」（六十章）只「處無為之事，行不言之教。」（第二章）而自己「常無心，以百姓心為心。」（四十九章）「無狎其所居，無厭其所生。」（七十二章）使得人民「不知有之。」（十七章）等到「功成，事遂，百姓皆謂：我自然。」（十七章）如此，可以說是完全達到「自化」的目的了。

如果不懂得這個道理，而妄為妄作，結果不僅一事無成，還可能得到相反的效果。所以老子說：

民之難治，以其上之有為，是以難治。（七十五章）

為者敗之，執者失之。（二十九章）

(3)無智守樸。老子的政治思想，主張守道無為，當然反對任用私智。他曾說：

以智治國，國之賊；不以智治國，國之福。（六十五章）

由此可見他對治政者用私智治國，是多麼厭惡了。他又說：

絕聖棄智，民利百倍。（十九章）

愛國治民，能無知乎？（第十章）

老子所以如此地厭惡以智治國，原因是「智慧出，有大偽」（十八章）我們看看今天越進化的都市，詭詐欺騙的事越多；而窮鄉僻壤，民風反而純樸可愛。不就證明了老子的話是千真萬確的嗎？

智巧可以產生詐偽，而詐偽的反面是純樸。老子既然反對用智巧治政，當然主張用純樸治民了。所以他說：

樸散則為器，聖人用之，則為官長。（二十八章）

化而欲作，吾將鎮之以無名之樸。（三十七章）

老子不僅主張政治者無智守樸，即使被治者的人民，也要如此。他說：

是以聖人之治，常使民無知無欲。（第三章）

百姓皆注其耳目，聖人皆孩之。（四十九章）

嬰兒是最純樸的。人民如嬰兒，治政者對待他們則「如保赤子」，治政者和被治者都純然天機，毫無私欲，這樣的政治，豈不是最理想的政治麼！

⑷謙下退讓。謙下退讓，是老子治政方法之一。政治地位愈高的人，愈要謙讓，如此才能高而不危，長守其貴。世界上最高的莫如天體，而《詩經．小雅．正月》說：「謂天蓋高，不敢不局。」天體高，所以要把身體彎下去。人法天，地位愈高，當然愈要謙讓。所以老子說：

受國之垢，是謂社稷主；受國不祥，是謂天下王。（七十八章）

世界上最低的莫如江海，老子曾經用江海作比喻說：

江海所以能為百谷王者，以其善下之，故能為百谷王。是以欲上民，必以言下之；欲先民，必以身後之。（六十六章）

孤、寡、不穀，是人人所厭惡的字眼，可是王公卻拿來稱呼自己。老子說：

人之所惡，唯孤、寡、不穀，而王公以為稱。（四十一章）

貴以賤為本，高以下為基，是以侯王自謂孤、寡、不穀。（三十九章）

治政者謙下退讓，不僅可以長保其祿位，還可以指使人，利用人。老子說：

善用人者為之下。（六十八章）

劉備三顧茅廬，請出孔明，言聽計從，結果三分天下有其一。苻堅得王猛於草茅之中，寵幸有加，結果略有天下之半。這些都是「善用人者為之下」的實例，可證老子的話並非紙上談兵哩！

二、老子思想的精神

老子思想雖以「道」為基礎，但是他的思想精神卻在「自然」兩個字。他的人生哲學、政治思想固然以自然為宗，他的宇宙論也以自然為法。因此，我們如果說老子哲學是「自然哲學」，那恐怕是再恰當也不過了。

老子說：「人法地，地法天，天法道，道法自然。」（二十五章）「道」是宇宙萬物創生的根源，所以人、地、天都要法「道」，但「道」並不是毫無規律，為所欲為的，它還必須以「自然」為法。當然我們不能說在「道」的上面，另有一個叫做「自然」的東西，為「道」所遵循，因為這樣就弄亂了老子的思想體系。「自然」是自然而然，是自然如此的意思，它是「道」的精神所在，是「道」所具有的一切特性之中最主要的部分。五十一章說：「道之尊，德之貴，夫莫之命而常自然。」「道」和「德」所以受到萬物的尊仰，就在於它們常法「自然」。由此看來，「道」和「德」的價值，就在於「自然」，如果不以

「自然」為法，「道」和「德」就失去其價值了。因此，所謂「萬物恃之而生而不辭，功成不名有，衣養萬物而不為主。」（三十四章）所謂「生而不有，為而不恃，長而不宰。」（五十一章）說得清楚一點，就是順其自然罷了。

天地法「道」，實際上也是法自然。二十三章說：「飄風不終朝，驟雨不終日。」飄風、驟雨是天地反常，不順「自然」的現象。既然不順「自然」，當然就不能維持長久了。

「自然」表現在政治思想方面，就是「無私」、「無為」。四十九章說：「聖人常無心，以百姓心為心。」所謂「常無心」，就是「無私」。既然無私心，當然「以百姓心為心」。這在現在說來，就是民主思想。難怪嚴幾道要說：「老子思想，是民主國家所運用的。」（《老子道德經評點》）其實這在老子來說，只是順應「自然」而已。第二章說：「處無為之事，行不言之教。」二十三章說：「希言自然。」「希言」就是「行不言之教。」也就是「無為」。為政者的目的，就在「復眾人之所過，以輔萬物之自然。」（六十四章）自己如何能有為呢？「我無為而民自化。」（五十七章）又何必要有為呢？自然無為的結果是「功成事遂，百姓皆謂：我自然。」（十七章）

「自然」表現在人生哲學方面，就是「無欲」、「不爭」。「無欲」就是「無私」。「不爭」就是「無為」。前者是修己的根本，後者是處人的原則。因為無欲，所以能夠知足；

因為不爭，所以能夠謙下。知足常樂，謙下得益，第七章說：「非以其無私邪，故能成其私。」六十六章說：「以其不爭，故天下莫能與之爭。」無私則能成其私，不爭則莫能與之爭，都是依循「自然」的結果。這和「道」「德」依循「自然」，「萬物莫不遵道而貴德。」（五十一章）是同一個道理。

總之，無論是人、地、天、道，也無論是治政、修身、處人，無不以「自然」為本。所以，我們可以說：「自然」就是老子思想的精神。

三、老子思想的價值

老子思想的價值，依個人愚見，至少有下列二端：一是思想幽深，境界高遠，一是正言若反，進道若退。前者屬於道體，後者屬於道用。茲分述如下：

（一）任何一個學派，任何一種宗教，必須先建立形而上的體系，然後其思想才能有所發揚，其教義才能有所開展。小說家之所以不入流，就是因為「小道」而不能致遠。

司馬談〈論六家要旨〉，不收雜家、農家、縱橫家，也是因為這三家沒有哲理上根據作為後盾的原因。佛家傳入中土而大放異彩，不是由於它的嚴格教規，而是由於它的精深教義；道教興起而要用《道德經》作為中心經典，也是由於《道德經》的思想玄妙。儒家思想，孟軻之後不得其傳，就是由於哲理的深度不夠。有宋諸子看出了這一點，才作〈太極圖說〉、《通書》，才在《禮記》中尋出〈大學〉、〈中庸〉二篇，作為儒家思想的哲理基礎，於是才奠定理學的地位。由這些例子，可見形而上學是何等重要了。

老子認為宇宙的本源是「道」，已經夠虛玄了，而道之體又是「無」，就更教人難以理解。所以初讀《老子》書的人大多要問：「『道』究竟是什麼？」、「『無』怎麼能生有呢？」其實，「道」不是什麼，也不能是什麼。因為是「甲」，就不是「乙」；是「此」，就不是「彼」。是「甲」、是「此」，就不能涵蓋一切，不能涵蓋一切，怎麼能作為宇宙的本源呢？希臘古代哲學家以為宇宙的本源是火是氣，其結果如何呢？如果我們真的追究出來了「道」是什麼，「道」即刻就失去它的價值；就猶如我們如果追究出上帝是什麼，上帝也就即刻失去了作為宇宙主宰的資格一樣。這就是為什麼《道德經》一開頭便說「道可道，非常道」的道理了。

《道德經》第四章說：「天下萬物生於有，有生於無。」《莊子．天地》也說：「泰初有無，無有無名，一之所起。」「無」既能生「有」，為萬物的本源，當然是道之體了。「無」為道體，才能顯出道體的無限，才能有無限的開展，而「常無」，才能「觀其妙」；若道體為「有」，則內涵有限，其開展亦難廣遠，而「常有」，也只能「觀其徼」了。

老子的形上哲學是如此的深遠，是如此的玄妙，當然可以放諸四海，垂諸百世。而研究者遊神於無涯之境，寄心於無底之淵，永遠無法探究出事實真相，也永遠保持著探究的興趣。同時由於道體虛無，因此每一個研究者都能按照自己的想法各有所獲，所謂仁者見之而為仁，智者見之而為智，此所以《老子》這本書，兵家引用，法家也引用，縱橫家引用，雜家也引用，武俠擊技之流引用，星相卜筮之徒也引用，真是「旁通而無涯，日用而不匱。」（《文心雕龍．原道》）而所有這些，都是由於老子思想幽深、境界高遠的關係。

（二）由於老子具有無上的智慧，因此他對所有事物往往有深入一層的看法，他能透過事物的表象，而直探其底蘊，而提出和一般常識完全不同的主張。譬如他主張「無為」、「無智」、「無欲」、「無私」，主張處弱居下，主張歸真返樸，主張守柔取弱。這些主張見解，在表面上似乎違反常理，不能為一般人所接受，然而背後卻含有極為深刻的道理。這就是他自己所說的「明道若昧，進道若退。」（四十一章）與「正言若反。」（七十八章）吧！

就以「守柔」一事為例。四十章說：「弱者道之用。」這一句話，概括了整個老子的人生哲學。一般都認為老子這種弱道哲學太消極了，不適用於今日「優勝劣敗，適者生存」競爭激烈的時代。其實，老子主張柔弱，並非追求柔弱本身，而是有見於「柔弱勝剛強。」（六十六章）「柔弱者生之徒。」（七十六章）才主張柔弱的。柔弱是其手段，剛強、生，才是其目的。所以他說：「守柔曰強。」（五十二章）我們看強烈的颱風，可以拔山倒樹，卻拔不起一根小草，草因柔弱而得以生存。我們再看「天下莫柔弱於水，而攻堅強者莫之能勝。」（七十八章）柔弱得生，柔弱勝剛強，這不是非常清楚的道理嗎？一般人看到表面剛強的，就認為是強，殊不知表面強的，實質未必強，此時強的，彼時未必強。所謂「兵強則不勝，木強則兵。」（七十六章），所謂「人之生也柔弱，其死也堅強。」（同上）正是這個道理。而柔弱之中實含有剛強的因素，再加上柔能克剛，弱能勝強，所以老子拋棄表面的剛強，而取實質上的剛強——柔弱。不過這要透過柔弱的表面才能看出，一般人眼光短淺，當然是看不出的。老子以無上的睿智，看法往往較一般人深入，能夠看到事物的裡面、反面，所以能見到人所不能見的道理，說出和一般人相異的言論。由此看來，老子的思想並不消極，不僅不消極，並且還超越了積極的層面呢！「守弱」的主張如此，其他「無為」、「無欲」……等主張無不如此，這些都是「正言」、「進道」，只是看起來「若反」、「若退」而已。

形上哲學的思想幽深、境界高遠，人生哲學的「正言若反」、「進道若退」，是老子哲學的兩大特點，也是老子思想所特有的價值。

四、老子思想的影響

老子思想的影響，既廣且遠。茲分學術思想、政治、文學三方面作一敘述。

（一）、學術思想

老子對學術思想方面的影響，最早是先秦諸子，其次是魏晉文學，再次是佛學，最後是宋代理學。

(1)先秦諸子。先秦諸子受老子思想影響最深的，首推莊子，《史記．老莊申韓列傳》說：「其學無所不闚，然其要歸本於老子之言。……作〈漁父〉、〈盜跖〉、〈胠篋〉，以詆毀孔子之徒，以明老子之術。」《莊子》全書可以說都貫串著老子思想，書中引《老子》的文字也特別多，〈外篇〉引了十九次，〈雜篇〉引了五次，〈內篇〉雖不曾引，但提老子的名共三次，由此看來，老莊一脈相承應該是沒有問題的。

其次是申不害、韓非。《史記．老莊申韓列傳》說：「申子之學，本於黃老，而主刑名。」又說：「韓非喜名法術之學，而其歸本於黃老。」《申子》二篇，已不可見；但《韓非子》五十五篇，其中很多非難儒者的地方，而取道家虛靜無為之學說以為輔助，〈解老〉、〈喻老〉二篇，更引老入法，以法解老。〈主道〉、〈揚搉〉二篇，也主張君主執一以靜，無為無事，去智廢巧，與老子政治思想完全吻合。由此可見司馬遷把老莊申韓同列一傳，實在是有深意的。

又《史記．孟荀列傳》說：「慎到，趙人。田駢、接子，齊人。環淵，楚人。皆學黃老道德之術，因發明序其指意。」除莊子、申不害、韓非而外，慎到、田駢、接子、環淵，也深受老子思想的影響。

(2)魏晉玄學。道家學說，經過兩漢的沉寂，到魏晉南北朝時，又勃然復興。這前後三百多年之間，討論哲理的風氣大盛，形成了所謂清談之風。而所談論的題材，則是「三玄」。所謂「三玄」，據《顏氏家訓．勉學》所記，則是指《老子》、《莊子》和《周易》。不過

《周易》經過王弼的注解，事實已和《老子》同類。當時的學者有所著作，大部分都在說明老莊的旨趣，如何晏的《老子道德論》，王弼的《周易注》、《老子注》，阮籍的〈達莊論〉、〈大人先生傳〉，嵇康的〈釋私論〉等都是。其中以王弼最為突出。這位以弱冠之年所注的《周易》，現在是十三經注疏本，而他的《老子注》，更是千餘年來研究老子的人必讀的典籍。在他之後，注解《老子》者不下千百家，但沒有一個人能夠超越他。他對老子的貢獻，古今中外可說是無出其右的了。

(3)佛學。佛學傳入中國，雖始於漢明帝永平十（西元六十七）年，但經過魏晉時期以道家思想為解說的津梁，以老莊比附佛經，於是才開始興盛，至於隋唐而極盛一時。

道家崇尚虛玄，佛家崇尚空寂，二者思想頗為接近。因此，當時談玄之士，多覺得老莊與佛學並無二致。如劉虬〈無量義經序〉說：「玄圃以東，號曰太一；罽賓以西，字為正覺，希無之與修空，其揆一也。」范曄論佛教說：「詳其清心釋累之訓，空有兼遣之宗，道書之流。」（《後漢書．西域傳論》）所以當時士人多有用「三玄」中的言論解釋佛經的，如慧遠、道安、支遁等是。這種以「外典」講解佛經，當時稱為「格義」。甚至到後來反而用佛學來解釋道家之言了。當時的高僧如鳩摩羅什、僧肇、慧觀、慧琳、慧嚴等人，便都注過老子，由此也可見老子思想盛行的情形了。

(4)理學。理學是儒家思想的發揚光大。儒家思想自孟子沒後而不得其傳，其原因是儒家學說所談的皆在人生日用之間，而缺乏高深的理論，難以滿足人心。宋代諸儒有見於此，遂大談哲理，建立起形上學的基礎。今舉五子之首的周敦頤為例，他所作「太極圖」，《宋史》本傳說「明天理之根源，究萬物之終始。」宋明理學家講宇宙發生論的，多就其圖說加以推衍。但他的「太極圖」則是本自道教的「太極先天圖」。《宋史・儒林列傳・朱震》說：「陳摶以先天圖傳種放，種放傳穆修，……穆修以太極傳周敦頤。」朱彝尊論周敦頤的「太極圖」，本名「無極圖」。陳摶居華山，以「無極圖」刊於石壁。其最下圈名為「玄牝之門」，最上一圈名為「煉神還虛，復歸無極」。（〈太極圖授受考〉）皆可為證。「先天圖」是道教的作品，而道教又淵源於老子，因此，「太極圖」自不能說與老子毫無關係了。

「太極圖」與道家有關，《通書》亦然。此後理學家大多以此二者為骨幹，因此，我們可以發現，理學家在形上哲理方面，受老子思想的影響很大。

（二）政治

老子思想對政治方面的影響，具體表現於漢初惠帝、文帝、景帝三朝，直到武帝罷黜百家、獨尊儒術為止。惠帝時，曹參為相國。當他做齊相時，「聞膠西有蓋公善治黃老言，使人厚幣請之。既見蓋公，蓋公為言治道，貴清靜，而民自定。」「其治要用黃老術，故相齊九年，齊國安集。」（《史記．曹相國世家》）後來「代何為漢相國，舉事無所變更，一遵蕭何約束。擇郡國吏木詘於文辭，重厚長者，即召除為丞相史。吏之言文刻深，務欲聲名者，輒斥去。日夜飲醇酒。」（同上）於是無為而天下治，百姓都歌頌道：「載其清靜，民以寧一。」（同上）

至文帝即位，「有司議欲定《儀禮》，孝文好道家之學，以為繁禮飾貌，無益於治，故罷去之。」（《史記．禮書》）「即位二十三年，宮室苑囿，狗馬服御，無所增益。上常衣綈衣，所幸慎夫人，令衣不得曳地，幃帳不得文繡，以示敦樸，為天下先。」（《史記．孝文本紀》）及景帝即位，「竇太后好黃帝老子之言，帝及太子諸竇，不得不讀黃帝老子，尊其術。」（《史記．外戚世家》）武帝好儒術，趙綰、王臧議立明堂，以朝諸侯，草巡狩封禪改曆服色，事為竇太后徵知，召案趙、王二人，最後逼得二人自殺，事才了結。直到太后去世，武帝才得一展其偉大抱負。

所以從漢初直到武帝初年，都是行的黃老政治。由於治政者清靜無為，結果國富民殷，太倉之粟，溢於倉外，府庫之財，年久索斷；因而使武帝能夠完成他振古鑠今的武功。武帝以後，道家思想在政治方面由明入暗，易主為輔，與儒家思想配合，形成了兩千年來儒表道裡的政治。

（三）文學

老子思想影響於文學，最早是在晉永嘉至義熙約一百年間。這段時期，由於玄學盛興，詩人文士發為文章，大多理勝於辭，而平典乏味。鍾嶸《詩品．序》就曾說：「永嘉時，貴黃老，稍尚虛談。于時篇什，理過其辭，淡乎寡味。爰及江表，微波尚傳。孫綽、許詢、桓、庾諸公，詩皆平似道德論，建安風力盡矣。」《續晉陽秋》也說：「正始中，王弼、何晏好老莊玄勝之談，而世遂貴焉。至過江，佛理尤盛，故郭璞五言，遂會合道家之言而韻之。詢及太原孫綽，轉向祖尚，又加三世之辭，而詩騷之體盡矣。詢、綽並為一時文宗，自此作者悉體之。至義熙中，謝混始改。」（《世說新語．文學篇》注引）又沈約《宋書．謝靈運傳論》說：「自建武至於義熙，歷載將百，雖比響聯辭，波屬雲委，莫不寄言上德，託意玄珠，遒麗之辭，無聞焉爾。」

描寫田園山水風光，而怡情悅性的純文學作品，也是受了道家的影響而產生的。《詩經》、《楚辭》、漢賦，全無道家意味。魏晉以後，由於道家思想盛行，於是文學作品中也就充滿了道家的情味和意境。「這種影響，應以陶淵明的田園詩為一顯著的開始。陶淵明本人不僅具有道家的思想，並且身體力行，實踐道家的教訓。因此，他的詩全部反映著道家的情調。」（張起鈞先生《智慧的老子》）朱熹曾說：「淵明之辭甚高，其旨出於莊老。」（《朱子語類》）的確是深有見地的看法。這一類作品所描寫的都是自然風光，如田園山水是。所表現的，則是閒適的心情、恬淡的胸懷、隱逸的情操、高雅的意境。而這些在儒家人物的文學作品中，是難以找到的。

除學術思想、政治、文學以外，老子思想的影響也及於宗教、習俗、方技等。不過這些只是老子思想的「邊際效用」，限於篇幅，不一一詳述了。

附錄：重要參考書目

《老子注》 王弼 河洛出版社
《老子章句》 河上公 廣文書局
《老子翼》 焦竑 廣文書局
《帛書老子》 河洛出版社
《馬王堆帛書老子試探》 嚴靈峰 河洛出版社
《老子達解》 嚴靈峰 藝文印書館
《老莊哲學》 張起鈞 正中書局
《智慧的老子》 張起鈞 新天地書局
《老子探義》 王淮 商務印書館
《老子正詁》 高亨 開明書局

《老子哲學》　胡哲敷　中華書局
《老子學術思想》　張揚明　黎明書局
《禪與老莊》　吳怡　三民書局
《老子的政治思想》　蔡明田　世界書局
《老子本義》　魏源　商務印書館
《老子注》　陳澧　商務印書館
《老子想爾注校箋》　饒宗頤　香港大學
《老子考異》　畢沅　東洋大學出版部
《老子的哲學》　大濱皓　專心企業有限公司
《老子王注校正》　波多野太郎　橫濱市立大學
《老子選注》　陳柱　商務印書館
《老子校詁》　蔣錫昌　明倫出版社
《老子集成》　嚴靈峰　藝文印書館
《老子今注今譯》　陳鼓應　商務印書館
《老子正解》　紀敦詩　商務印書館

《讀老莊札記》　陶鴻慶　藝文印書館
《老子新證》　于省吾　藝文印書館
《莊老通釋》　錢穆　新亞研究所
《老子斠補》　劉師培　藝文印書館
《老子哲學》　王邦雄　三民書局
《老子讀本》　余培林　三民書局

中國歷代經典寶庫㉘

老子——生命的大智慧

編撰者—余培林
編輯—康逸藍
責任企劃—洪小偉
校對—蕭淑芳
總編輯—余宜芳
董事長—趙政岷
出版者—時報文化出版企業股份有限公司
108019台北市和平西路三段二四〇號三樓
發行專線—（〇二）二三〇六—六八四二
讀者服務專線—〇八〇〇—二三一—七〇五
（〇二）二三〇四—七一〇三
讀者服務傳真—（〇二）二三〇四—六八五八
郵撥—一九三四四七二四時報文化出版公司
信箱—一〇八九九臺北華江橋郵局第九九信箱
時報悅讀網—http://www.readingtimes.com.tw
法律顧問—理律法律事務所　陳長文律師、李念祖律師
印刷—紘億印刷有限公司
五版一刷—二〇一二年八月十七日
五版四刷—二〇二三年七月十一日
定價—新台幣二百五十元

時報文化出版公司成立於一九七五年，
並於一九九九年股票上櫃公開發行，於二〇〇八年脫離中時集團非屬旺中，
以「尊重智慧與創意的文化事業」為信念。

老子：生命的大智慧 / 余培林編撰. -- 五版. -- 臺北市：時報文化, 2012.08
面；　公分. --（中國歷代經典寶庫；28）

ISBN 978-957-13-5614-3（平裝）

1.老子　2.通俗作品

121.31　　101013216

ISBN 978-957-13-5614-3
Printed in Taiwan